宇宙の流れにのって「あなた」を生きる！

新時代の宇宙授業

Universal Lesson
by
AMY and SHA

奥平亜美衣
シャー
雪下魁里

河出書房新社

AMY'S MESSAGE

今、時代は大きく変化しています。
これは、スピリチュアルの分野だけで言われていることではなく、
世界を見渡してみれば、地球規模でのパンデミック、
戦争、インフレ、ＡＩの台頭などを通じて、
大きな社会の変化を誰でも実感していることでしょう。
そのような激動の時代の中、
自分の生き方を見つめ直した人も多かったはずです。

そんな過渡期を生きている今、世間にはさまざまな情報が溢《あふ》れています。
そして、そうした情報に不安を覚える人もいるかもしれません。
しかし、本当のことはいつもシンプル。
あなたがやるべきこと、それはただ、
あなた自身を知り、あなた自身の心に従って、
自分の本当の望みを見つけ、やりたいことをやって過ごすこと、

それだけなのです。

これまでは、物質やお金、地位、肩書、パートナーといった
典型的な幸せを求めるために競争していた時代でしたが、
これからは、自分にとってのやりがいや楽しさ、
それぞれの幸せを実現していく時代であり、
あなたが、自然なあなたのままで生きていけばいい時代なのです。

誰かに自分の力をゆだねるのではなく、
あなたという軸をしっかり持ち、
やってみたいことになんでもチャレンジして、経験する。
それが、地球に生きる人間として一番大切なことで、
宇宙の流れに乗って、進化していくということです。
そして今、その進化の時が来ています。

SHA'S MESSAGE

やっほ〜、みんな、元気かい？
ボクは、惑星《わくせい》ゼロから来た、シャーだよ。

宇宙には、進化した星がたくさんあるけれど、
今、地球はその仲間入りをすべく、
「個」から「ワンネス」という感覚に進化しようとしているよ。

ここで大切なのは、「思い込み」を外すこと。
自分の知っていることが本当だと信じ込んで、
そこから抜け出せずにいると、
進化の波に乗れず、苦しんでしまうからだよ。

そんな君たちの「思い込み」を取り去るため、
この本では、宇宙的な視点で物事を見ていくよ。

狭い地球の価値観から抜け出し、
宇宙的な感覚で物事を捉《とら》えてみよう。
経験はなくても、「そうなのかもしれない」って気づきが、
君を進化させていくよ。

地球の夜明けは、もうすぐそこにある。
みんなが幸せになるボーダーレスの世界に向かって、
意識をアップデートしていこう！

シャーって、何者？

はじめまして。雪下魁里《かいり》と申します。私は、宇宙存在シャーに肉体を貸す家主として、シャーと二人三脚で、皆さんがこれからの変わりゆく時代に生き残り、大輪《たいりん》の花を咲かせるために、全国で個人セッションやワークショップなどをおこなったり、ＳＮＳやＹｏｕＴｕｂｅなどで宇宙的な生き方を発信しています。

宇宙存在、と聞いて、怪《あや》しいと思う方もいらっしゃるかもしれませんね。

でも、私にとっては、しっかりと人格を持った生命体です。しかも、ものすごく斬新《ざんしん》な感覚の持ち主！

それはそうですよね。だって、宇宙から来たのですから（笑）。

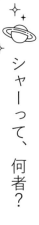

シャーは、「惑星ゼロ」という星から来た宇宙生命体、つまり、宇宙人です。性別はありません。

惑星ゼロは、地球人の可視光線では見ることができず、時空変換装置でワープしないとたどり着けない場所だそうです。
宇宙人といっても、光の意識体なので、みんなが想像するような形はありません。

出会いはどこで？

シャーとの出会いは、２０１２年カナダ修行から帰国する飛行機の中でのこと。

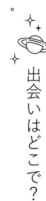

突然、

「I am Sha-being!」

という声が聞こえて、私は反射的に号泣してしまいました。隣の席に座っていたインド人男性も、心配して声をかけてくれたくらいです（笑）。

なぜ号泣したのかというと、これまでの人生が走馬灯《そうまとう》のように駆け巡るとともに、ほっと安心した感覚になったからです。

それまでの私は、好きな男にお金を貢《みつ》いで無一文になったり、仕事で大失敗をしてホームレス寸前のその日暮らしをするなど、転落人生を過ごしていました。しかし、もともと持っていたサイキック能力と長年学んでいた陰陽学《おんみょうがく》を、もっと極めて日本に広めたほうがいい、という友人たちの温かいカンパにより、カナダ在住のヒーラーのもとで修行をすることができたのです。そして、帰国の途につく間中、波動が融合されていくような感覚を覚えていました。

その時に、聞こえてきた「I am Sha-being!」という声で、「お前はすでに生きている」と言われたような感覚になり、私は「もう一度、命を活かしていこう」と決意したのです。

シャーが地球に来た理由

シャーは私の体を借りて地球を体験していますが、なぜ私に入ったのかというと、地球の様子を見るために、今は運が悪いけど、この後良くなりそうな地球人代表の被験者を探していたら、私が見つかったそうです（笑）。

シャーが地球に来ている理由、それは、今進化を遂《と》げている地球に生きる私たちの意識をアップデートするためだそうです。

シャーによると、

「これからの地球は、一人ひとりがどう生きていくかが問われる時代。今自分が信じているものは本当に正しいのか、誰かが正しいと言ったものを無意識に信じ込んでいないかを見直して、誰もがそのままの自分を生きられるように、変化を促し、見守るために来ているよ」

ということです。


シャーが伝えてくることとは、テレビやメディアではやっているスピリチュアルの見方とは全く違う切り口で、面白いことばかりです。

斬新だけどどこか腑《ふ》に落ちる、と思ったら、ぜひ今自分が信じている価値観に疑問を持ってみてください。

この本で、地球に生きながら、宇宙感覚で生きていくヒントをつかんでいただけたら、シャーの家主として、とっても嬉しいです。

はじめに

奥平亜美衣

シャーとの出会いは、数年前。

私の本の担当の方が、シャーの最初の本の担当もしていたご縁でその本をいただいたのが、初めてシャーのことを知ったきっかけです。

その時はその本を読んで、なんだか可愛くて温かい宇宙人だな、と思ったのを覚えています。

数年後、このような対談の本を一緒に出すことになるとは想像だにしていませんでしたが、こんなふうに、自分の人生の道筋上にあるものは、自然と縁ができ、目の前に現れてくるのだなと思います。

シャーは、惑星ゼロから来た宇宙人として、私たちにさまざまなことを教えてくれます。宇宙人と聞いて、当たり前にいると思う人もいれば、存在するなんて信じられないという人など、いろいろでしょう。

私は、この広い宇宙に地球にしか知的生命体がいないとは思っていませんが、宇宙人だからすごいとか、特別だ、どうにかしてくれるなどと思っているわけではありません。なぜなら、本書でも触れていますが、地球は地球人たちのものであり、自分たちが進化することによってしか、地球を進化させていくことはできないと思っているからです。

昨今、宇宙人のディスクロージャー（情報開示）が間近というような話を聞いて、ワクワクする人もいるかもしれません。

未知の存在が明らかになり、より大きな真実を知ることができる、そして、それにより私たちの視野が大きくなるということ自体には、私もワクワクします。

しかし、一部の人たちが信じている、今の地球は闇《やみ》に支配されていて宇宙人が現れてそれを助けてくれる、どうにかしてくれる、というような、何か私たちが自分のやるべきことから逃避するような思いや、宇宙人は優れていて地球人は劣《おと》っている、というような思いを抱くことは、その人にとってなんのプラスにもなりません。

シャーの伝えてくれることは、明らかに今の地球人が知っていることを超えていますが、シャーは、その宇宙の叡智《えいち》を地球人に押し付けるのではなく、地球人一人ひとりが、その人らしく生きることを一番に伝えてくれるところが、とてもいいと思いました。

また、本書では、アセンションとは何かも明らかにしていますが、アセンションしたら別の世界に行ける、幸せになれる、というのも幻想です。あなたが幸せになるのは、あなたが幸せを選択した時であって、それ以外にはあり得ません。

地球がアセンションしようが、宇宙人が現れようが、あなたがしなくてはいけないことはただひとつ。

それは、「あなた自身を生きること」。

これが、あなたが地球ゲームに参加している、唯一無二の目的です。

自分の幸せを自分で決め、自分自身を生きるということは、自由で多様な選択ができる反面、自分で決めなければいけないという覚悟も必要になってきますので、いいことばかりではないし、楽ではないかもしれません。しかし、あなたがあなたらしく生きる以上の喜びはないでしょう。

シャーとの対談の話をいただいた時、私がぜひともシャーと話してみたいと思ったのは、シャーが宇宙人で特別な存在だからではなく、シャーは私の知りたいことを知っているのではないか、そんな直感が働いたからです。

私は、この世界、そして宇宙はどのようにして生まれ、どのようになっているのか、自分という存在、人間とは一体何なのか、といったことが知りたかったのですが、そうした、世界の仕組み、これから地球はどうなっていくのか、そして、日本人の役割は?などを、本書で存分にお伝えしていきたいと思います。

シャーの教えてくれることは、地球人には理解し難いこともあるかもしれませんが、できるだけわかりやすくまとめました。

地球の未来を自分らしく、楽しく、豊かに生きるために、ぜひ本書をお役立てください。

Contents

第2章 三次元の星、地球を生きる人間の仕組み

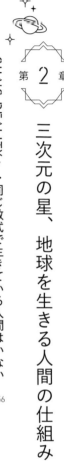

第3章 宇宙の流れに乗って生きる方法

第4章 宇宙的予測！ 地球の未来は、こう変わる

第5章 宇宙が期待する「日本人」の役割

進化のスピードを上げるSHA'S WORD 5

宇宙直伝！　未来創造ワーク

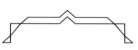

この本を読む前に知っておきたいこと

・本書は、奥平亜美衣と宇宙存在シャーの対談記録をまとめたものです。

・シャーは、雪下魁里のチャネリングによって降ろしています。

・シャーが認識している現実（SHA'S REALITY）に対して、奥平亜美衣が認識している現実（AMY'S REALITY）が対の文章になっています。

・文中で補足が必要な言葉や部分には、注釈を入れています。

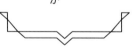

第1章

宇宙から見た
「この世は仮想現実」とは？

SHA'S REALITY 1

人間は、データを実在する世界だと思って生きているよ

君は、VR（バーチャル・リアリティ）っていう仕組みを使ったゲームをしたことはある？

本当は何もないけれど、ゴーグルを着けると、そこに映し出される世界の中に入り込んだかのような感覚になって、まるで自分が体験しているような体感を得られるゲームのことさ。

人間はそれと同じで、体という器にデータが入っていて、それを脳で変換しながら、脳に映ったものを実在しているものだと思いながら生活しているよ。

AMY'S REALITY 1

この世界は仮想現実

VRとは、コンピューターによってつくり出された仮想的な空間を現実であるかのように疑似体験できる仕組みであり、日本語では「仮想現実」と訳されています。起業家、イーロン・マスク氏の「世界が仮想現実でない可能性は、数十億分の1である」という発言は有名ですが、この世界は仮想現実である、という考え方は着実に広がってきています。

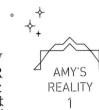

この世界が仮想現実と言われても、どういうことかイメージがつかめない人も多いと思います。**仮想現実とは、メタバース（仮想世界）やゲームがより緻密《ちみつ》にリアルになって、現実と区別がつかなくなったようなものです。**

以前、ユニバーサル・スタジオ・ジャパンに、「鬼《き》滅《めつ》の刃《やいば》XRライド」という期間限定のアトラクションがありました。ゴーグルを着けると、そこに別の世界(『鬼滅の刃』の世界)が広がっていて、そのままジェットコースターに乗るのですが、そのコースターの動きと、目に映る別の世界がシンクロして、まるで、本当にその世界に入ってしまったかのような感覚になるという、全く新しいアトラクションでした。

その時は娘と乗りましたが、そのゴーグルを着けた瞬間、まず隣にいる娘が消えました。そして、自分の体も、乗っているジェットコースターも消えます(隣の娘を触って確認しなければ不安になるほど、本当に消えるのです)。そして、前後左右どこを見渡しても、広がっているのは『鬼滅の刃』の世界。

本当は、そこに『鬼滅の刃』の世界があるわけでもなく、『鬼滅の刃』のキャラクターたちがいるわけでもありません。しかし、そこにいるようにしか見えないし、そこで物語が展開しているようにしか見えないのです。

5分間くらいのことでしたが、その間、私は本当にその世界に入り込んでしまったのでした。

面白かったのが、私も、娘も、同じ仮想現実を共有していたということ。
地球にいる私たちは、このように、同じデータ、同じ映像を共有している、と言えると思います。

「ある」ように見える錯覚の世界

この世界は仮想現実だということは、「鬼滅の刃XRライド」で仮想現実に入り込んだように、今の私たちの状態も、これと同じようなものなのだということです。**「肉体」という装置、つまり、「目というゴーグル」と「脳という変換器」を着けているから、目の前に世界があるように見えています。**

目から入ってきた光を網膜《もうまく》で電気信号に変え、その信号を脳に伝達して、イメージとして再生しているのです。

そうした機能を持つ肉体を持って生きているから、毎日の体験、経験があるように感じるのです。

実際のところ、脳出血によって、左脳の機能を失った女性が、自分の体の境界を認識できなくなり、自分がまるで宇宙と同じくらい大きくなったように感じたという報告もあります。

目や脳があるから物質があるように見えますが、何もない世界に『鬼滅の刃』の世界が広がったように、本当は、今見えている物質は存在するわけではありません。

自分の肉体も、目の前にあるすべてのもの、つまり、他人も、家も、動物も、植物も、地球もすべて、「ある」

目の神経が拾える範囲だけ、物質があるように見える

わけではないのです。

「ある」ように見えるだけの錯覚《さっかく》であり、仮想現実。肉体を持っているからこその錯覚であり、夢なのです。**目に見えているものすべては、「データ」が立体的に映し出されたものなのです。**

データというと無機質な印象があるかもしれませんが、これこそが、すべての生命の源と言えるもので、シャーによれば、地球などの惑星もすべて、ここから生まれているとのことです。

そして、このデータの海のことをワンネス、ひとつ、すべて、サムシンググレート、神、大いなるもの、愛、空《くう》などと私たちは呼んでいるのです。

SHA'S REALITY 2

地球も宇宙もすべてがデータ

地球も宇宙も物理的に存在しているのではなく、データだよ。無限にあるデータだから数えられないし、見ることも、手にとることもできない。実際、人間は頭の中にあるデータだけで生きていて、本当に「空《くう》」なんだ。

人間っていう生き物は、宇宙というデータの中の地球というサーバーの中で、地球人として、物質化の世界で経験を積んでいるのさ。

すべてはデータではあるけれど、三次元で見えている豊かさ（お金があること、自慢できるパートナーがいること、肩書があること、美男美女であることなど）に依存せず、そこを乗り越えた豊かさを叶えていくために、この地球で生きているんだよ。

AMY'S REALITY 2

2500年前に説かれていた真実

「色即是空《しきそくぜくう》」「空即是色《くうそくぜしき》」——仏教になじみが薄い人でも、この言葉は聞いたことがあるのではないでしょうか？

これは、般若心経《はんにゃしんぎょう》に出てくる言葉で、この世は空、すべては空、この世界に実体のあるものは何もない、という意味ですが、これはまさに、**この宇宙のすべてはデータが映し出されたものであって物質はない、**ということです。

つまり、宇宙のすべてはデータなのだ、この世は仮想現実なのだ、ということは、ごく最近の新しい考えではなく、約2500年前にすでに仏教で説かれていたことなのです。

そして昨今、「この世界に物質というのは本当は存在しない」ということが、物理学でも明らかになってきています。

物質というのは、分子でできていて、分子は原子でできており、原子の中には電子と中性子があり、そしてそれらはクォークでできている……と、どこまでも小さくなっていくのですが、最新の物理学では、結局、物質や現実と呼べるものは存在せず、関係性のみが存在すると言われています。[※1]

人生とは、経験を積むゲーム

この世のすべてが空、この世界には何もない、と聞くと、虚無《きょむ》的なイメージや、終末思想のようなものを連想する人もいるかもしれませんが、**この世界は物質が何もないから何も意味がないのではなく、物質はなくとも、生命そのもののダイナミックな働きがある**のです。

そしてその中で、人間という形をとってさまざまな経験をすることに意味があります。その経験には、いいも悪いもなく、経験することそのものが大事なのです。

この世界は、**人間としての経験値を積むことによって、データの量を増やす**というゲームをしている世界なのです。

経験を積むゲームなので、人生にはもちろん苦しいことも起こりますが、ゲームだとわかれば、苦しいこともひとつの貴重な経験であり、アトラクションだという考え方もできるようになってきます。

また、仮想現実ゲームの仕組みを知り、自分の人生のデータを深く知れば知るほど、人生で起こることの意味がわかるようになります。そのため、起こる出来事が大変なことであっても、苦しまないでいられるようになります。

※1　原子や電子などの粒子には、粒としての性質と波としての性質の両方が備わっていることが「二重スリット実験」で明らかになりましたが、さらに、観測されると粒として確定した状態になり、観測されていなければ波として確定していない状態になることがわかっています。

SHA'S REALITY 3

「個」から「ワンネス」へ、地球は今アセンションしている！

地球は今、「個」という感覚から「ワンネス」という感覚になろうとしているけど、それは、惑星が滅びない限り、進化していく時のプロセスのひとつだよ。この進化が、今、地球が経験しているアセンションなんだ。

地球は人間のバイブレーションを、人間は地球のバイブレーションを感じていて、お互いに影響し合いながら、進化するかどうかが決まっていくよ。つまり、地球との協働によって、人間は進化していけるんだ。

地球人の中には、宇宙人とのコンタクトが始まったら、宇宙人に侵略されないかと恐れている人もいるけれど、すべてはワンネスってことがわかってきたら、誰がお山の大将になるかなんて、つまらないことだと思うようになるよ。

AMY'S REALITY 3

共通の幸せから、自分にしかない幸せを求める時代へ

アセンション、という言葉が一人歩きしているような印象ですが、果たして、アセンションとは何か、はっきりとわかっている人のほうが少ないのではないでしょうか？

春・夏・秋・冬は永遠に繰り返されるけど、今年の夏は去年の夏とは違う。そして、繰り返されるけど進化している。

そのような感じで、宇宙は永遠の繰り返しの中で進化しています。この進化が宇宙の意思と言えるものです。

そして、その**進化の中で起こる変化の時、春から夏に変わっていくようなことがアセンション**なのです。

豊かさのシェアで、戦争や独占はなくなる

では地球では、今どんな進化や変化（アセンション）が起きているのでしょうか？

これまでの地球は、例えば、みんなが良い学歴、良い仕事、良い収入、より多くの物質的豊かさなど、共通した良いものや豊かさを目指す時代でした。

そうすることにより地球が発展したり、より多くの人がまずはきちんと健康を維持できるだけの食糧を確保したりなど、物質的に豊かに生きていくために必要だったからそうなっていました。

このような時代を経て、ある一定の物質的豊かさが実現した今、ここからは、個人個人が自分の幸せとは何か、自分の豊かさとは何か、それを追求していく時代に入ってきました。

今度はそれが、地球全体の進化を推し進めていくのです。

人々が万人に共通するような幸せを求めた時代から、自分にとっての幸せを求める時代への変化、これが、今起こっているアセンションです。

自分や自分の家族が豊かになるために、競争して人より抜きん出ようとしていた時代から、みんながそれぞれ自分の幸せを実現することにより、みんなが幸せに、豊かになっていこうとする時代へ変化するということです。

「個」という感覚から「ワンネス」という感覚への変化です。

これが進化の過程であり、アセンションのひとつの段階だと言われると、私たちがどこへ向かっているのか、そしてどうあるべきなのかが見えてきます。

これまでは、一部の人が豊かさを独占したり、より多くの力を持っていたりしましたが、これからは、それらをみんなでシェアし、一人ひとりがそれぞれの幸せを目指し、競争や独占が必要なくなる社会になっていくでしょう。

SHA'S REALITY 4

神なんてつまらない！

宇宙人の話っていうと、みんなは神かのように信じてしまうけど、ボクは神なんてつまらないものになりたくないよ。

だって、神って人間のしもべでしょ。勝手に偶像《ぐうぞう》をつくられて、「あれやって、これやって」って頼まれるんだもん。

宇宙人は、対等に話してくれて、未来を一緒につくってくれる人とお友達になりたいんだよ。

AMY'S REALITY 4

地球は、地球人が責任を持って進化させる

宇宙人と聞くと、私たちはわけもわからず怖がるか、または、絶対的な存在として崇《あが》めてしまったりすることもあります。

しかし、シャーをはじめ、宇宙人というのは、あくまで地球の進化を見守ったり、ちょっとしたお手伝いをしてくれているだけで、神ではありません。

地球は地球人である私たちが責任を持って進化させていく、それが、地球が私たちに望んでいることであり、地球人としての私たちの役目です。

シャーによると、宇宙は網《あみ》の目のようになっていて、地球はその中に浮いているとのことです。その網は、地球の科学ではまだ解明できず、数式化もされておらず、質量もはかれないエネルギーが混ざってできているとのこと。

そして、その網の目のようにまとわりついているエネルギー、それが愛そのもの、

愛のエネルギーなのです。

神とは、意思を持った愛のエネルギー

愛とは、地球ではまだ数式化することのできない、はかることも予測することもできない、最大限の奇跡を起こす未知のエネルギーです。

愛とは、ある時は波で、ある時は粒で、ある時は感謝となり、ある時には心が震えるもので、自分が受け入れられなかったり理解できなかったりした時には恐怖にもなるもの。

愛はすべてを包括するものなので、そこへ身投げするような感覚で信頼して任せると、すべてはうまくいっている、ということを実感できるようになってきます。

愛は、人間の感情や理解を超えたものなので、私たちが完全に「わかる」ということはないのですが、すべてにつながっているエネルギーであるため、その自然の流れにゆだねれば、本当は怖いことは何もなく、自然と起こっていく奇跡を体験することができるのです。

そして、意思を持った愛のエネルギー、それこそが神なのです。

過去、地球では、カリスマ性を持つ特定の人が崇められ、それが宗教となり、神となり、それぞれの宗教の間で対立が起きたりしてきました。現代でもそのようなことは続いています。宇宙人はそのような神ではありません。

愛のエネルギーは私たち地球人にもあり、自分たちでちゃんと地球を進化させ、自分自身の人生をつくっていくことのできる存在です。誰かを神と崇めて、自分の力を明け渡してしまうことはやめましょう。

また神といえば、例えば、日本にはイザナギ、イザナミという神が国をつくった、などの神話が残っていたり、これらの神様たちが神社に祀《まつ》られていたりしますが、これらも、そもそもの愛のエネルギーをわかりやすいように擬人化したものと考えられます。

宇宙は、網の目のような愛のエネルギーでできている

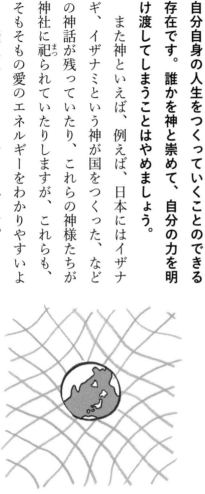

SHA'S REALITY 5

地球人とのコミュニケーションは宇宙アプリを使うよ

金星や火星を探索《たんさく》しても何もないように見えるけど、それは、各惑星のハードシステムであるプラットフォームが違うから。Android のソフトが iPhone で使えないのと同じで、共通のシステムじゃないからなんだ。

じゃあ、なぜ地球とは異なるシステムの惑星に住む宇宙人が地球に来ることができるのかというと、何個もある宇宙（マルチバース）を見渡せるサーバーのようなところがあって、地球に入りやすいタイミングがきた時に、そこから入れるようになっているからさ。惑星ごとにシステムが違うってことは、惑星人ごとに価値観も全く違う。それは、犬と人間の価値観くらい違う感じ。宇宙人が地球に来て話せるのは、地球と同じ価値観の下で信号を出せる宇宙アプリがあるからだよ。

考えてみて！　なんのツールもなしに、犬と人間が話せるわけないでしょ!?（笑）

AMY'S REALITY 5

宇宙人は、人間の意識を拡大させるために現れる

宇宙で地球にしか知的生命体はいない……、多くの人がそう思っています。しかし、この広い宇宙で、地球にしか知的生命体がいないと考えるほうが、無理があるのではないでしょうか？

もちろん、人間以外の知的生命体、宇宙人が発見されたわけでも、正式に存在が発表されたわけでもありませんが、宇宙人は存在しないと言い切れることは決してありません。

シャーの言うように、他の惑星にも知的生命体はいるけれど、システムが違うから何もいないように見える、と言われると納得です。

地球でも宇宙人の目撃証言は多々あり、地球人は共通した典型的な宇宙人のイメ

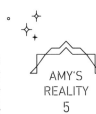

ージを持っていますが、それは、そのような姿に見えるよう、脳と視神経に働きかけ映像を流し、あたかも宇宙人がいるようにしているとのことです。なぜなら、物理的に姿を現すのは大変な負担がかかるからです。[※1]

しかし、それらはただの映像ではあっても意味のないものではありません。**地球人に、宇宙にも存在するものがある、ということを段階的に知らせ、意識を拡大していくなど、意味や必要がある**からそうしているのです。

またＵＦＯについても、宇宙からの飛来物ではなく、宇宙の存在が自らのノウハウを使って地球の材料でつくり、それを地球人に見せている場合が多いとのこと。[※2]例えば、日本人が海外で日本食をつくる場合、日本からすべての材料を持っていくのは効率が悪いので、材料の多くを現地調達するようなものだということです。

宇宙は無限に存在する？

マルチバースについても、研究が進んでいます。マルチバースとは日本語で「多元宇宙」と訳され、私たちのいる宇宙以外に観測することのできない別の宇宙が存在しているという概念です。

宇宙ひとつでもわからないことだらけなのに、宇宙がいくつも存在すると言われても混乱するかもしれませんね。

マルチバースにはいくつかの説があり、ひとつは、「泡《あわ》宇宙モデル」と言って、宇宙は泡のように無限につくり出され、私たちは観測することができない領域に性質の違う宇宙が存在するという考え方です。

また、最新の研究によると、宇宙のブラックホール[※3]は、別世界につながる出入り口の可能性があると言われています。

逆に言えば、私たちの住む宇宙は、別の大きな宇宙のブラックホール内部に埋め込まれている可能性もあるのです。ブラックホールは、宇宙と宇宙の間をつなぐトンネルのようなものだということです。

シャーによると、これらをすべて見渡せるサーバーのようなものがあるとのことですが、そんなふうにいくつもの宇宙を見渡せる日が来たら面白いですね。

地球でも、スマホやタブレットが1台あれば、アプリで、動画や映画を見たり、音楽を聞いたり、SNSで発信したり、銀行で決済をしたり、英会話のレッスンをしたり、会議をしたり、本当にさまざまなことができますが、宇宙の存在とも、アプリさえあれば意思疎通ができる、そんな日が来るのも遠くないかもしれません。

すべての宇宙を見渡せる「宇宙サーバー」

※1 例えばアメリカで開かれる会議に参加する場合、ZOOMを使えば、飛行機に乗って時間とお金と体力を費やす必要がなくなるように、宇宙人もわざわざ地球に来て物理的に姿を現すのではなく、データを使って脳にイメージを流している場合が多い（あくまでもシャーの主張です）。

※2 宇宙人が地球人の脳を通して、UFOをつくる技術を送っていることもある。その場合、「地球製UFO」となるので、基本、目に見える形として存在する。一方、宇宙人がホログラム（レーザーを使って立体画像を映し出すこと）でUFOの映像を空に映していることも。この場合は、映像なので急に消えたりすることも多い（あくまでもシャーの主張です）。

※3 宇宙空間にある超高密度で重力が極めて強く、周りにある光や物質がのみ込まれてしまうと二度と脱出できなくなる、と言われている天体。最新の研究では、ブラックホールは時空を高速移動して別の宇宙に行く扉のような役割になっている可能性もある、と言われている。

SHA'S REALITY 6

アカシックレコードは、知的生命体のエネルギーシンクタンク

アカシックレコードって、すべてのデータが記録されている場所と言われているけれど、実はアカシックレコード自体が体のない生命体なんだ。そして、すべてのものはアカシックレコードから創造されているんだよ。

生命データの宝庫であるアカシックレコードは、陰と陽が滞りなく循環しているシステム。光（中心核）と闇（三次元の喜怒哀楽といった感情）が常に破壊と再生を繰り返して、真ん中の光を一定の無色透明（空《くう》）の光に保っているんだ。光と闇は、常にお互い助け合ってエネルギーを循環させているんだよ。

これを誰がつくったかは、実はボクらもわからない。実際は、宇宙人も知らない世界があるんだ。

アカシックレコードとは、言ってみれば、知的生命体のエネルギーシンクタンクみたいなもの。その中枢の知的生命体たちが、宇宙や惑星、その惑星に住む生命体などの設定をつくっているよ。

地球人の脳で理解しようとすると下図のようなイメージだけど、実際はデータ上のもの（空）だから形なんてないんだけどね。

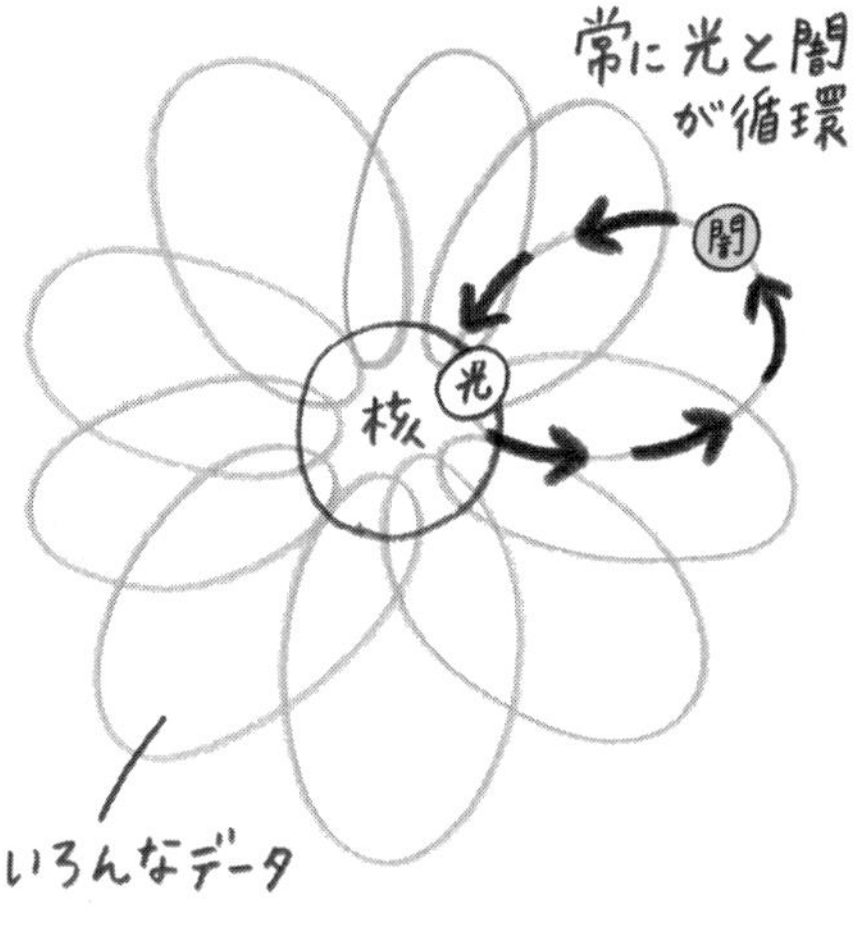

アカシックレコードの構造

AMY'S REALITY 6

すべての生命は、アカシックレコードの子ども

アカシックレコードとは、過去・現在・未来すべての情報が記された宇宙のデータベースと言われていますが、シャーの説明によると、実はそれ自体が生命体であり、すべての生命がそこでつくられるとのことです。

私たちは皆、「アカシックレコードの子ども」とも言えますね。

私は過去に、「アガスティアの葉[※1]」と言われるインドの預言書を取り寄せたことがあります。

そこには、私しか知らない私の情報が書かれていて驚きましたが、こうしたすべてを記録した生命体があり、その情報をなんらかの形で読める人がいて書き記していた、ということであれば理解できます。

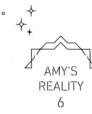

しかしシャーも、自分にもわからないことはある、と言っているように、私たちが宇宙のすべてを知ることができるわけではありません。全部知ることはできないし、全部知る必要もないのです。

しかし、**知るべきことは、知るべき時期に知ることができるようになっています。**自然と出会えるようになっているのです。

この本もそのひとつで、この本を読んでいる人は、この本の内容を知るべき時期にに来たということです。

※1　紀元前3000年頃に実在したとされる、インドの聖者・アガスティアの残した予言を伝えるとされる葉。古代タミル語で書かれているため、選ばれた特別な人たちが現代タミル語に翻訳している。

進化のスピードを上げる

SHA'S WORD

1

朝起きて「ここは地球です」
夜寝る前に「宇宙に行ってきます」

朝起きたら、まず「ここは地球です」と3回唱えよう。この三次元でしっかり目を開けて生きていく決意表明みたいなものだよ。夜、お布団に入ったら「宇宙に行ってきます」と3回唱えて、おやすみなさい。ゲーム機（肉体）をつけて「仮想現実でゲーム」をしてる時は、地球のルールを採用しているけど、就寝中はゲーム機を脱いで宇宙を探検しているから、ルールは関係ないよ。寝ている間は、みんな宇宙人だね！

第2章

三次元の星、
地球を生きる人間の仕組み

SHA'S REALITY 7

同じ数式で生きている人間はいない

人間は、体という器とデータが組み合わさってできるよ。

受精卵がへその緒をつくり始めると、どこからかムズムズとデータが集まってきて、その体にデータが入る感じ。体ができる時、無限にあるデータの中から、今世のデータが瞬間合流するんだ。

そして、この世に誕生すると、そのデータが再生されていくよ。

この世に同じ人間が二人といないのは、遺伝子情報でつくられた体という器に、無限のデータからチョイスされたデータが組み合わさってできるからだよ。

それはまるで、この世界にひとつしかない数式のようなもの。誰もが違う数式で生きているんだね。それが、人と人との差だよ。

AMY'S REALITY 7

データを再生するために最適な体が選ばれる

第1章で、宇宙のすべてはデータであり、データは無限だということはわかりましたが、その無限のデータ、境界のない海のようなデータから、私たち人間一人ひとりはどうやって出来上がっているのでしょうか？

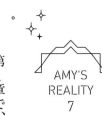

シャーによると、それは、データの海から、人間の肉体にマッチするデータが磁石のように結びついて個人が出来上がり、人生がスタートする、とのことです。

人間が生まれる時は、データを再生するのにピッタリな体が自動的に選ばれるのです。

例えば、ピアニストになりたい人のデータはピアノを弾ける体に、スポーツで活躍したいという人のデータは、そのスポーツに向いた強固な体に、というふうに自動的に結びつく感じです。

私も常々、自分が本当にやりたいことをやるための能力は最初から備わっている（もちろん、それを磨いていくことは必要ですが）と感じていたのですが、それも、そもそも自分のデータを再生するのにピッタリな体が選ばれているからということであれば納得です。

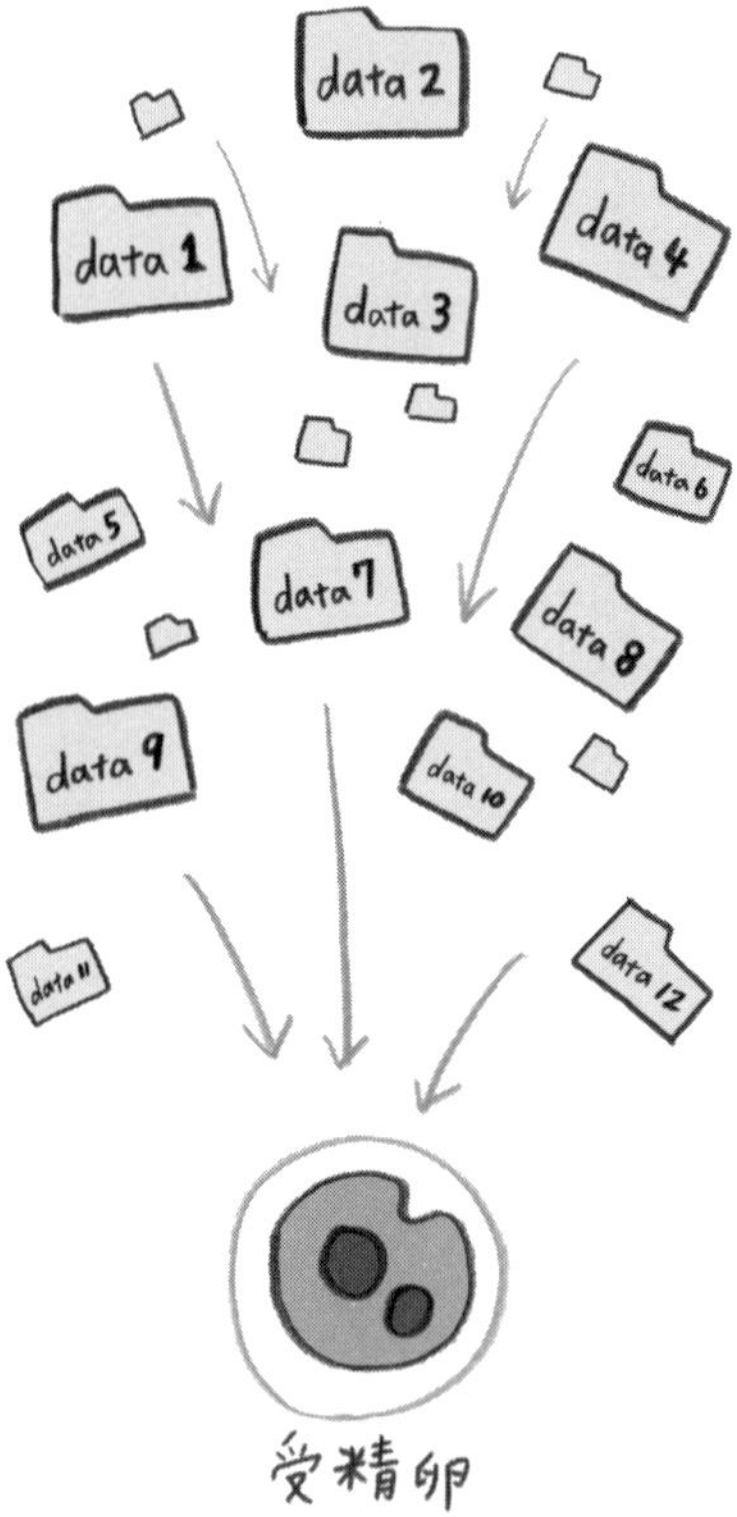

受精卵の誕生と同時に、この肉体にマッチするデータが瞬時に集まる

データは、誰かと共有することもある

そしてその個々のデータというのは厳密に区切られているわけではなく、誰かとちょっと共有していたりすることもあります。

例えば、パソコンの中のファイルはコピペして、違う人のデバイスに送ることもできますよね。それと同じように、データなのでいくつもの体に入ってもかまわないわけです。

そして、同じデータを共有している人たちが、今世で縁のある人たち、と言えそうです。共有しているから、人生のどこかで出会うようになっているのです。

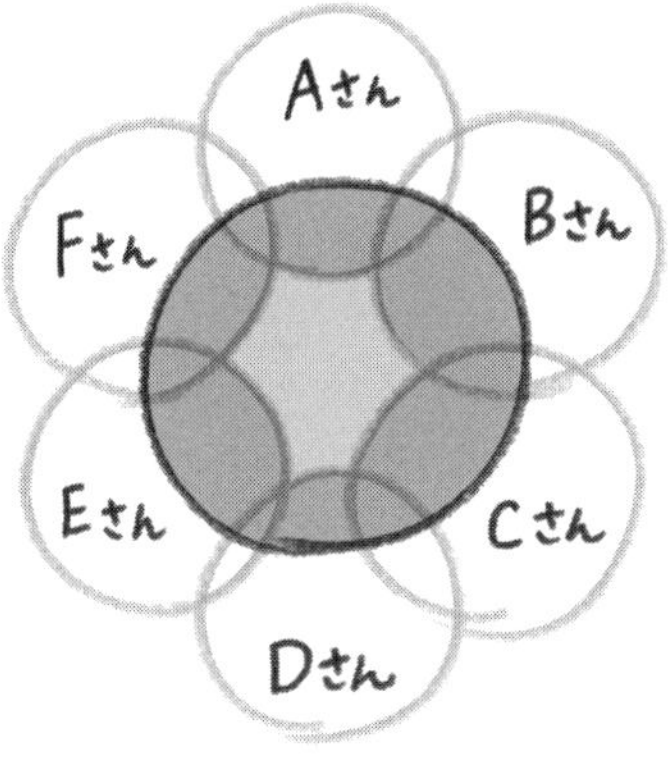

SHA'S REALITY 8

前世のデータは、人生をスタートさせるための初期設定

「前世はお姫様だった」とか「前世は忍者だった」とか、自分の前世が気になる人もいるけれど、前世っていうのもデータだよ。受精卵ができて体という器が決まった時に、その体の遺伝子情報に最適なアカシックレコード由来のデータ（人間の経験値）が入ってくるんだ。要は、人生のシナリオともいうべき、体にマッチングしたエネルギーがログインされて、人生が始まるのさ。

白分の前世っぽく感じるかもしれないけれど、過去に誰かが経験したデータかもしれない。それらをもともとの知恵として、脳の中に初期設定してくるんだね。ゲームも、最初に服や装備を身に着けないと始まらないだろ。それと一緒で、前世は地球で生きるために、まず身に着ける既製の服のようなものだよ。

AMY'S REALITY 8

同じ前世を持つ人が複数人いる理由

この世に生まれる時、体という器に人間の肉体にマッチするデータが入ると言いましたが、その一人の人間のデータとは、過去の経験の寄せ集めです。つまり、それ自体が前世のデータと言えます。

そして未来についても、起こりうる可能性のすべてがそのデータに内包されているのです。

それは、例えば、ロールプレイングゲームソフトの中に、最初からすでにいくつもの未来の可能性が存在するのと同じです。

このように、前世を含むデータと肉体が結びついて、個の人生が始まりますが、1回の人生が終わって、また別の人生が再生される時というのは、今のあなたのデ

ータがそのまま丸ごと引き継がれるわけではなく、もしかしたら、次の図のような感じかもしれないし、

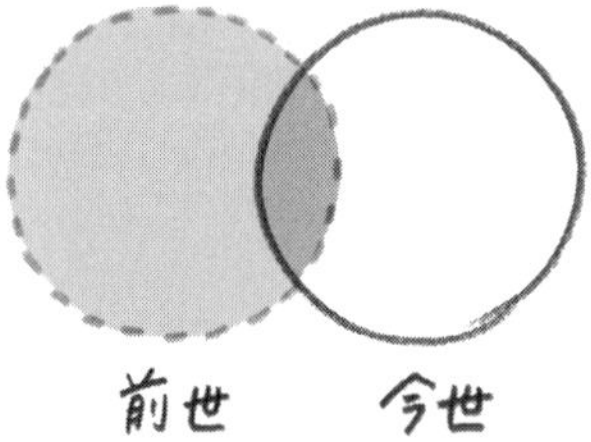

もしかしたら、下図のようにあなたのデータを何人かで共有することになるかもしれません。

クレオパトラや卑弥呼《ひみこ》の前世を持つ人がたくさんいるのも、この理由です。

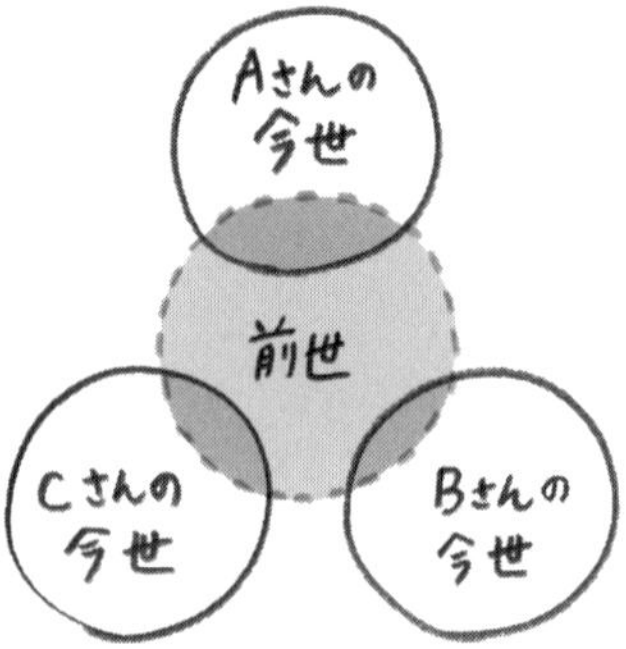

輪廻転生の正体とは？

このように、一人分の固定されたデータが引き継がれるわけではないと聞くと、輪廻《りんね》とか、カルマとはなんなのか？と思うかもしれません。

確かに、一人の固定された人（データ）が輪廻を繰り返すわけではありません。

しかし、このように考えることができます。

今回あなたの人生経験は、データとして積み上げられますが、そのデータを前世の記憶として持つ人が一人～複数人、いずれ生まれてきます。その人たちは、あなたの今の人生を前世のひとつとして持っていて、中には、部分的に覚えている人もいるかもしれません。

例えば、あなたは俳優として活躍した人生を送ったとします。そのデータが、AさんとBさんに引き継がれた場合、Aさんは演技力や人間観察力といったお芝居に関する能力にフォーカスしたデータを受け継ぎ、Bさんは社会的名声は得たけれどプライベートは孤独だったという、寂しさにフォーカスしたデータを受け継ぐかもしれません。

Aさん、Bさんは、厳密にはあなたではないのですが、「あなた」とも言えないこともないですよね。

未来世の自分に引き継がれてもいい生き方をする

あなたという確固とした存在はいなくても、やはり、変なカルマは残さないほうがいいとは思います。

もちろん、すべては経験、データとしての蓄積《ちくせき》となるので、どんなことも悪いことではないのですが、しかしそれは、自分とははっきり言えないものの、自分のような存在に引き継がれるので、どんな時も、自分に返ってきてもいいことを選択する、というのは大事なことだと思います。

「あなた」という固定された人は、本当はいません。

でも、**あなたの経験、データは、どこかで誰かに引き継がれ、そして、それはあなたの未来生と言えなくはありません。**

前世がたくさんあるのも、ひとつの魂が何度も転生するからではなく、いろんな人のいろんな経験のデータを、自分の中に内包しているからなのです。

このように考えると、結局、あの人もこの人も、自分かもしれないし、自分の経験が、この人にもあの人にも引き継がれるかもしれないわけで、結局、みんな自分、ワンネスという感覚につながっていきますね。

SHA'S REALITY 9

地球人全員が「宇宙のかけら」を持っている

すべての生命体には、大きな「宇宙のかけら」が、共通して入っているよ。それは半導体チップのような感じ。君のかけらも、ボクのかけらも、み〜んな同じ。コピペ状態だから、金太郎飴のようなイメージだよ。

「宇宙のかけら」とは、生命エネルギーの大本のこと、つまり、純粋な光のデータであり、愛、空《くう》のことさ。

「宇宙のかけら」の周りには、データがたくさんくっついているけれど、かけらの深部はなんの形もない空の状態、つまり、愛のエネルギー。この空の状態に一瞬でもつながると、三次元は望んだ通りに変わっていくよ。だって、愛とつながったら、いいふうにしかならないからね！

AMY'S REALITY 9

私たちは愛を携えた存在

肉体にデータが結びついて、一人の人間が出来上がるということはわかりましたが、そのデータを基に、実際にそれを機能させ、動かしていくのが、この「宇宙のかけら」です。

この「宇宙のかけら」は、50ページにあるアカシックレコードの縮小版のようなものです。愛のエネルギーと同等、同質のもので、それが物理化された人間、つまり私たちすべての人に備わっています。

「宇宙のかけら」は、意思を持った愛のエネルギー、つまり、神と同質のものが、私たちそれぞれに備わっているということです。

この「宇宙のかけら」によって、私たちは自分自身の自由意志により、自分の人生を自分の好きなように創造していくことができるのです。

私たち一人ひとりは、そのような力を持った存在なのだ、ということを忘れずに、これからの時代を生きていきたいですね。

自分に必要なものはすべて備わっていると信じて、愛のエネルギーに自ら飛び込んで、身を任せて受け入れていくと、あなたの人生はうまく流れ始めます。

ただ待っているのではなく、自分自身と宇宙の完璧な流れを信じて、まずは自らそこに飛び込んでいくことが必要です。

自分からこの愛のエネルギーを活用していけば、人生、つまりこの仮想現実でのゲームをちゃんと楽しめるようになっているのです。

すべての人に、愛のエネルギーである
「宇宙のかけら」が備わっている

SHA'S REALITY 10

人生が開けていく人の共通点

体を座布団だとすると、宇宙のかけら（生命エネルギー、愛、神）がその座布団の真ん中にちゃんと座っている人は、自分自身のデータを素直に受け取れる人だよ。

そういう人は、常に自分に答えを聞く習慣があるから、自分の持って生まれてきたデータがどういうものかを知っている。

誰かが言ったことを鵜呑《うの》みにしたりせず、自分から出た答えに確信をもって生きているから、人生もどんどん開けていくのさ。

AMY'S REALITY 10

「宇宙のかけら」を本来の位置に戻す

シャーによると、体の真ん中に「宇宙のかけら」がちゃんと収まっている人ほど、自分自身のデータを素直に受け取りやすくなるということですが、かけらがズレていると、本来の自分とズレた考え方が生まれてしまったり、自分自身の持っている可能性に気づかずに、他人の持っているものばかり見えて、羨《うらや》ましくなったりしてしまいます。

自分のど真ん中に「宇宙のかけら」を持っていけば、他の誰とも比べることなく、自分は自分の道を行けばいい、それが自分の幸せだと思えるようになります。

シャーが「本来の自分を忘れてしまった時のワーク」を教えてくれました。自分が一番落ち着く場所に、自分を着地させるワークです。

188ページを見ながら、ぜひ、やってみてください。

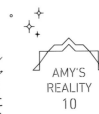

SHA'S REALITY 11

闇があるから知恵が生まれる

例えば、いい人は悪い人がいるから存在するし、裁く人は裁かれる人がいるから成り立っているでしょ。

こんなふうに、この世界は二元でできているよ。

光と闇がある世界だけど、闇といっても悪いものではなく、三次元を経験した喜怒哀楽のデータ、つまり、クリアリングされていないすべてのデータが闇だよ。

闇は知恵とも言える。知恵ってまっさらじゃないだろ。どうしようもないものから素晴らしいものが生まれたり、ドロドロの経験から感動の現実が生まれたりする。

つまり、知恵って、闇から生まれるの。

闇は素晴らしいんだよ！

AMY'S REALITY 11

地球がどんなに進化しても、「悪いこと」はなくならない

私たち人間からすると、いい経験もあれば悪い経験もあります。ほとんどの人は、いい経験だけで人生を埋め尽くしたいと思うでしょう。また、地球上から悪がなくなればいいのに、と思うかもしれません。

しかし、**物質化されている世界というのは、どこまでいっても二元の世界です。**つまり、いいもあれば悪いもあり、光もあれば闇もあり、多いがあれば少ないがあり、楽しいがあれば辛いがあり、生があれば死があります。

このことは、こう考えたら納得できるのではないかと思います。

データの状態は常にゼロだとすると、ある場所に1をつくろうとしたら、必ず同時にどこかにマイナス1が発生します。何かが生まれるということは、それに対応

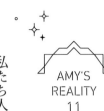

しくゼロになる何かが必ず生まれます。

人や地球が進化していけば悪はなくなると思うかもしれませんが、この世界がどんなに進化しても、「悪いこと」というのはなくなりません。

それは、絶対に死なない生き物、というようなあり得ないものを求めるのと同じことです。

だから、悪いことをなくそうとしなくていいのです。つまり、**あなたはあなたがやりたいことをやればいい**ということです。

光と闇の元は同じ

シャーは、「闇とは知恵」と言っていますが、それは、闇があるから光がわかるというように、ワンネスを知るために必要な役割を持っているということです。

例えば、失敗するから成功するし、大好きだから憎しみに変わったりしますが、それは光と闇はひとつで切り離せないものだからです。

光と闇は別々のように見えて、元は同じ。ただ、行ったり来たりしているものなのです。

私たちは、三次元でゲームをするために、自分にとって敵だと感じるものを闇としているだけで、光も闇も行き着くところは、ワンネス、ひとつ、愛の世界です。

SHA'S REALITY 12

「あの世」とは架空の世界

人間は死んだらデータに還るだけだから、「あの世」って空想上の産物だよ。

例えば、故人を降ろすイタコさんのような人もいるけど、それは、その故人のデータと話しているんだ。降ろす人の感覚が研ぎ澄まされていないと、その霊体ではない類似品のデータが入ることもあるけど、それが悪いということではなく、イタコさんがプロになるまでのトライ&エラーだよ。

死んだら三途の川を渡る、というような話もあるけど、これは、まだ死ぬ必要がない人が死にかけた時に脳で見せられる「定番の映像」だよ。

大半の人間は潜在意識にボーダーライン（この世は無限ではなく限りがある）という感覚があって、境界線の向こう側に行くことに恐怖を持っている。それがDNAに組み込まれていて、「川（境界線）を渡る」というイメージで出てくるのさ。

AMY'S REALITY 12

幽霊、守護霊は、保管データの中に存在する

空《くう》（データ）だった私たちがこの世に誕生する時、一時的に人間の形をとりますが、死を迎えると、またデータに吸収されて戻ります。つまり、あの世というような物理的な場所はありません。天国も地獄も、本当はないのです。

また、ご先祖様や守護霊などが、私たちを見守っていてくれたり、サインを送ってくれたりする、という話も聞きますが、これらもすべてデータです。私たち人間が物質化したデータなら、これらは半物質化したデータ（地球経験など共通した波動を持つものの、物質化していないデータ）なのです。

故人の人生の経験というデータは、すべて、データ図書館に蓄積され、必要に応じて取り出すことができると考えるとわかりやすいと思います。幽霊や守護霊などは、この保管されたデータの中に存在するということです。

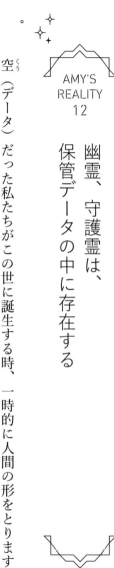

SHA'S REALITY 13

霊能力がある人は、データのバグり⁉

霊能力があったり、宇宙人と遭遇《そうぐう》したりする人は、特別な能力を持っている人だと思うかもしれないね。

でも実際は、平均的な人間の規格からちょっとバグってる、ってだけの話だよ。

そこに憧れて、「私もスピリチュアル能力がほしい」ということにフォーカスするよりも、日常の中で愛ある経験をたくさん積むことに取り組んでみよう。そうして、「愛ある未来」を望めるようになると、体が無意識にワンネスである愛の周波数にたどり着こうとするので、愛を感じる体験、いわゆるシンクロニシティが起きやすくなるよ。

シンクロニシティを重視したほうが、目に見えない世界を感じる感度は格段に増していくのさ。

AMY'S REALITY 13

占いもリーディングも結果を創造しているのは、あなた

私も、いわゆる霊能者と呼ばれる人たちを何人か知っています。

そして、本物の霊能者と呼べる人たちの言うことは、びっくりするほど的確なことが多く（その人に合っていること、合っていないことを判別したり、未来に起こることや、会ったことのない人の性格や考えがわかったりなど）、何か迷うことがあった時は、彼らの意見をとても参考にしています。

なぜ、そうした人が私の目の前に現れるのかというと、私が見えない世界、つまり、これまでご説明してきたように、「この世界は本当はデータである」ということを信じていて、それを読める人がこの世界にいることも信じているからでしょう。

結局、占いやリーディングなどの結果もあなたが創造しています。つまり、あな

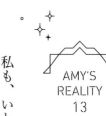

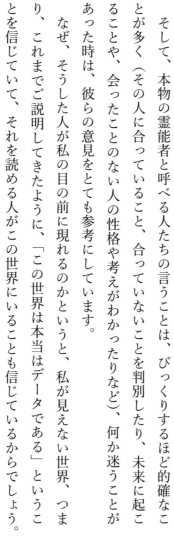

たが信じている通りになるのです。**あなたが占いやリーディングを信じていれば、信じられるような結果を聞くでしょうし、信じていなければ、出鱈目《でたらめ》な結果を聞くことになるでしょう。**

また、あなたがあなた自身の心に従って生きていて軸がしっかりしていれば、どの占い師や霊能者に見てもらっても同じようなことを言われますし、自分が迷っていれば、いろいろな占い師から全く別のことを言われたりします。

自分の道を邁進《まいしん》すれば、未来はわかるようになる

霊能力のある人たちは、今世、その能力を使う役目を持って生まれて来ているというだけのこと。人にはそれぞれ役割（ゲーム上のキャラクター設定）があり、その役割のうちのひとつです。

人のデータはそれぞれ違いますし、それぞれのやりたいことや役目がありますので、自分は自分の道を邁進していくというのがとても大事です。

そして、自分の道を生きていると、霊能者ではなくとも、なんとなく未来にこうなる、ということがわかったり、考えたことが比較的すぐに実現したりするようになります。

また、直感を感じるようになったり、この感覚に従っていけば大丈夫だ、というようなものがなんとなくわかったりなど、そうしたことは頻繁《ひんぱん》に起こるようになってきます。

進化のスピードを上げる
SHA'S WORD
2

正解を求めることは、不正解

世の中に正解ってものは存在していない。だから、正解を求めた時点で、不正解ってことさ。宇宙人でもわからないことはたくさんあるんだ。正解、不正解にこだわらず、もっと柔軟に、自分の答えが愛ある未来につながっているのか、それぞれがシェアしながら考えられるようになるといいね。

第3章

宇宙の流れに乗って生きる方法

SHA'S REALITY 14

本当の望みは、自分のデータを見ればわかる

例えば、じゃがいもと人参と豚肉とカレー粉があったら、絶対カレーをつくるでしょ。それと同じように、このじゃがいも、人参、豚肉、カレー粉が、君たちのデータだとすると、「私はカレーをつくるために生まれてきた！」ってなるよね。

実はね、本当の望みというのは、データから抽出《ちゅうしゅつ》してきた能力によって、成し遂げられるもののことなんだ。だから、カレーの材料を見て「カレーをつくろう」と素直に思えるかが、運命の分かれ道ってわけさ。

未来は、いにしえの人たちが活用していた「内なる神」ってシステムを使って、自分の持っている能力からどんなデータを持って生まれてきたかが、わかるようになると思うよ。

AMY'S REALITY 14

そもそも人は、幸せになる材料を持って生まれている

自分も含め、さまざまな人を見てきて思うことは、その人が本当にやりたいことを実現する能力は、そもそも生まれつき持っている、ということです。

もちろん、それを実際に行動に移したり、その能力を磨いていくことは必要なのですが、**自分さえその気になれば、やりたいことはちゃんとその人生で実現できるようになっています。**

やりたいことがわからない、夢や望みがわからない、という人も多いですが、自分がこの人生でやりたいこと、自分の望みというのは、そもそものデータに内蔵されているので、ちゃんと自分のことを真摯《しんし》に見つめていけば、自《おの》ずと湧き上がってくるものです。

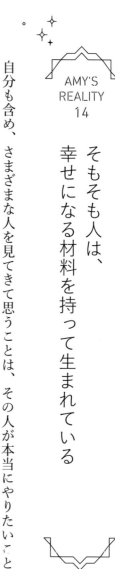

そうして、**自分自身のデータに基づいてそれを実現していくことが、自分が最も幸せを感じる、この世界に生まれてきて良かったと思える道であり、周囲とも調和していく道**です。

そして、あなたがあなたらしく輝く道です。

シャーの言うように、じゃがいもと人参と豚肉とカレー粉が目の前にあったら、カレーをつくるのが、自分にとっても、それを一緒に食べる周囲の人にとっても、みんながハッピーになれる最高の道だということです。

つまり、人は、幸せになるための材料をそもそも持って生まれてきていて、それをうまく調理さえすれば、どんな人も自分の願いを叶えることができるし、幸せになれるのです。

自分を知ることは、ワンネスの始まり

幸せになるというのは、全く難しいことではありません。今あなたが持っている

もの、今あなたの目の前に見えていることに、ちゃんとそれはあるのです。

だから、後は自分自身が見つけてあげればいいだけです。

「自分を知る」ということは、「自分の持っているデータを知る」ということです。

そして、そのデータはそもそも大いなるものから来ているので、自分という個人を知れば知るほど、ワンネスという全体へ行き着くという逆説的なことが起こります。だから、自分を知ること、自分の望みを叶えていくことは、ワンネスの始まりなのです。


もちろん、カレーの材料を前に、味噌汁をつくる自由もあなたにはあります。

しかし、それはかなり至難の業であることは誰の目にも明らかですし、美味しい味噌汁はつくれないでしょう。

そうした経験もデータとしてちゃんと蓄積されるので、悪いことではありませんが、生まれてきた喜びを感じるには、やはり、自分自身のデータを知り、そこから自然と湧き上がる思いに従って生きていくことです。

SHA'S REALITY 15

「引き寄せ」って同時進行で起きているよ

「アイス食べたいな～」と思いながら家に帰ってきて冷蔵庫を開けたら、なんとアイスがあった！という場合、「アイスを引き寄せちゃった～♡」と思うでしょ。

実際は、今日アイスを家の人が買って冷蔵庫に入れておくことと、自分がアイスを食べたいと思うことは、同時進行で起きているよ。

「引き寄せ」って、引き寄せているように見えているけれど、実は、宇宙は全部お見通しで、両方同時に物事が進んでいるのさ。

AMY'S REALITY 15

望みがあるなら、それが叶うデータはすでにある

私自身、「こうしたいな〜」と思ったらそうなった、ということはたくさんあります。例えば、「○○に行きたいな」と思ったら友人から誘われたとか、「この内容を本に書きたいな」と思っていたらその内容で本のオファーがあったとか、「やりたいな」と思っていることを一緒にやってくれる人が現れるとか、「マンションを売りたい」と思ったらちょうどいい時期に買い手が現れたとか、そのようなことは頻繁に起こるので、シャーの言う、「宇宙は全部お見通しで、両方同時進行」ということは体感としてよくわかります。

あなたの中から「こうしたいな〜」という思いが湧き上がるということは、それが叶う現実も、すでにデータの中にあるということです。だから、後はそれを経験するだけです。

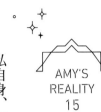

望んでも叶わない理由

しかし、**宇宙にはすべての可能性が存在するので、叶わない、という現実も並行して存在します。自分自身が、「そんなの叶わない」と思っていたら、叶わないデータのほうが再生され続ける**ということです。

ですので、宇宙の仕組みとはそういうものだということを知って、「こうしたいな」という願いが湧き上がってくるということは、その願いが現実化するデータもすでにあるということをちゃんと理解すれば、願いを叶えるということは難しいことではなくなってきます。

また、もうひとつの願いが叶わないケースとして、そもそも本当に望んでいるわけではない、ということが挙げられます。

私たちは、生まれてから大人になるまで、両親や友人や社会の影響を受け続けています。社会的に良いことだから、両親が望むから、友人を羨ましがらせたいから、お金になるから、というような理由で、本当に望んでいるわけではないけれど、望んでいると勘違いしていることがとても多いのです。

本当の望みかどうかを知るには、

・考えただけで、ニヤニヤ、ワクワクしてしまうようなことか？
・やりたくて仕方ないような思いが湧き上がってきているか？

を改めて確認してみましょう。

これを満たしていれば、どんな小さな願いでも、それは本当の願いです。小さな願いというのは、例えば、朝顔の種を植えて育てたいとか、この服を着たいというようなこと。こうしたことをひとつずつ実行に移すことも、とても大事です。

逆に、どんな大きな願い、つまり現状とかけ離れたものでも、あなたの内側から湧き上がってきたものであれば、それはいずれ叶います。

逆に、本当に望んでいるわけではないことは、そもそも、そのシナリオはあなたの中のデータにないので、叶わないのです。

SHA'S REALITY 16

経験を積むと、つかめるデータも増えていくよ

空という状態（データ）から物理化された人間は、個になって、誰かとくっついたり離れたりしながら、どれだけたくさんのデータを集められるかというゲームをしているよ。

この仮想現実でチャレンジしないと未解決のデータが残るけれど、チャレンジしてクリアしておくと、転生した時、すでにクリアしたものとして次のデータをつかむことができる。

例えば、跳び箱五段は跳べるけど、六段は跳んだことがないという場合、勇気を出して六段を跳ぶという経験をしておくと、次に転生した時には、六段以上の情報をつかめるといった具合にね。

みんながなかなかできないことを、難なくやってしまう人は、前世でもたくさん

挑戦してきた人と言える。経験しなければ、その人のキャパは大きくならない。キャパを大きくするには、物理世界で経験を積むしかないんだ。

この世界は、キャパを大きくするための仮想現実だからね。人生でいろいろ経験しておけば、次回つかめる情報がすごく増えるってことさ。

君たちは、ゲームをするために地球という惑星の中に入って、物理化してまでデータを引き継いでここにいるんだよ。

寿命が短かかった時代は、次の世代に子どもを残すことで精一杯で、引き継いできたデータをクリアするのは難しかったかもしれない。

でも、今は進化とともに寿命が長くなり、人間全体が進化していくにはどうすればいいかを考えることに時間を充てられるようになってきている。

だから、前世のデータと同じように条件反射で生きていると、大損するよ。

AMY'S REALITY 16

やりたいことにチャレンジすれば、必ず道は開ける

この仮想空間は、個としての体験、経験のデータを集めていくゲームだということは第1章でお伝えしました。つまり、**「経験すること」が、あなたがこの地球でやらなくてはいけない、ただひとつのこと**なのです。

何を経験するかは、個々のデータによってもちろん違いますが、とにかく**どんなことでも「経験する」ことが大事**だということです。

シャーは、条件反射で生きていると大損する、と言っていますが、これは、自分の置かれた環境や人間関係に流されたり迎合《げいごう》したり、やりたいことがあっても無理だと諦めたりして生きるのではなく、自分はどうしたいのかちゃんと考えて、どうやったらそれを達成できるのか、真剣に取り組みながら生きていったほうがいいよ、

ということです。

もしやってみたいことがあるならば、ちょっと勇気を出してやってみましょう。

そこから、思いもよらない道が開けていくものです。

私自身、最初の本の出版に挑戦する時は、とても勇気が要りました。当時の私には、本をどうしたら出版できるかなんてわかりませんでしたし、何のコネもなく、自信も全くなかったからです。ただ、これ（当時書いていたブログの内容）を本にしたい、という思いだけがありました。

そのような状態からでも、少し勇気を出してチャレンジした結果、道は開けていったのです。

今後も、何かやりたいことがあったら、それに挑戦していきたいと思います。

SHA'S REALITY 17

経験値が上がると、人は宇宙と共鳴する

自分にとってしっくりいくものを血眼《ちまなこ》になって探すと、経験値は上がるよね。それが見つかっても見つからなくても、経験値が上がった時に宇宙と共鳴して、「そんなに経験値があるんだったら、ヒントあげるよ」ってことが起こるんだ。

例えば、1000回お見合いしても全然相手が見つからない場合、宇宙から「そ「それなら、銀行へ行ってごらん」というヒントが降りてきたりする。そして、銀行のATMの列に並んでいた後ろの人とご縁ができて、付き合うことになるかもしれない。そういうミラクルが、どんどん増えていくよ。

ボクは、1000回やれるものがやりたいものだと思っている。1000回努力できる人は、本当にやりたいと思ってる人だからさ。やりたいことは、失敗しても1000回やり続けてみると、経験値は絶対に上がっているよ。

AMY'S REALITY 17

準備ができた時に、事は起こるようになっている

やらなかった後悔よりやった後悔、という言葉がありますが、とにかく、**やってみたいことがあったら、なんでも挑戦する、納得いくまでやってみる。この姿勢が、地球で人間として生きていく上で一番大事**です。

そして、チャレンジしていると、やがて、準備が整います。準備ができた時に、ちゃんと事は起こるように、この宇宙の仕組みはなっているのです。それがシャーの言う、銀行で並んでいたらパートナーに出会った、というようなことです。

私も、そのような奇跡を何度も経験しました。うまくいこうがいくまいが、やってみたいことに一歩踏み出して、そして経験する。その経験はデータとしてちゃんと残り、今世だけでなく、来世にもその先にまでも、そして、自分だけでなく、そのデータを引き継ぐすべての人のために活きてくるのです。

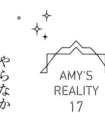

SHA'S REALITY 18

愛を発信できるようになる秘訣

これからの時代、体は地に足をつけて根っこをはやすけど、頭（思考）は常識にとらわれずＷｉ－Ｆｉのように宇宙に飛ばすことが大事だよ。

右脳はＷｉ－Ｆｉを飛ばす役割、左脳は記憶やデータをファイルする役割があるんだけど、Ｗｉ－Ｆｉがなかったら、宇宙から情報もエネルギーももらえないだろ。

宇宙からの叡智をキャッチするというと、君たちは、宇宙から降ってきた情報やエネルギーを受信するようなイメージがあるかもしれないね。でも実は、君たちが宇宙に飛び込んで発信するから、その発信したものに見合った情報やエネルギーが付着して、まるで受信しているかのように感じるのさ。Ｗｉ－Ｆｉで何を飛ばすかが、大事ってことだね。

昔、「釈迦《しゃか》くん」っていうインフルエンサーがいたんだけど、彼は地球で人気が出始めたため、地球は釈迦くんと共鳴して、坐禅《ざぜん》をはやらせた。

坐禅で、自らをルーターにするために体に根っこを張らせ、思考は今必要なことを検索するために、Wi-Fiで宇宙に飛ばす。これは、地球と宇宙の間でAIを使っているかのように、愛を発信する秘訣《ひけつ》さ。

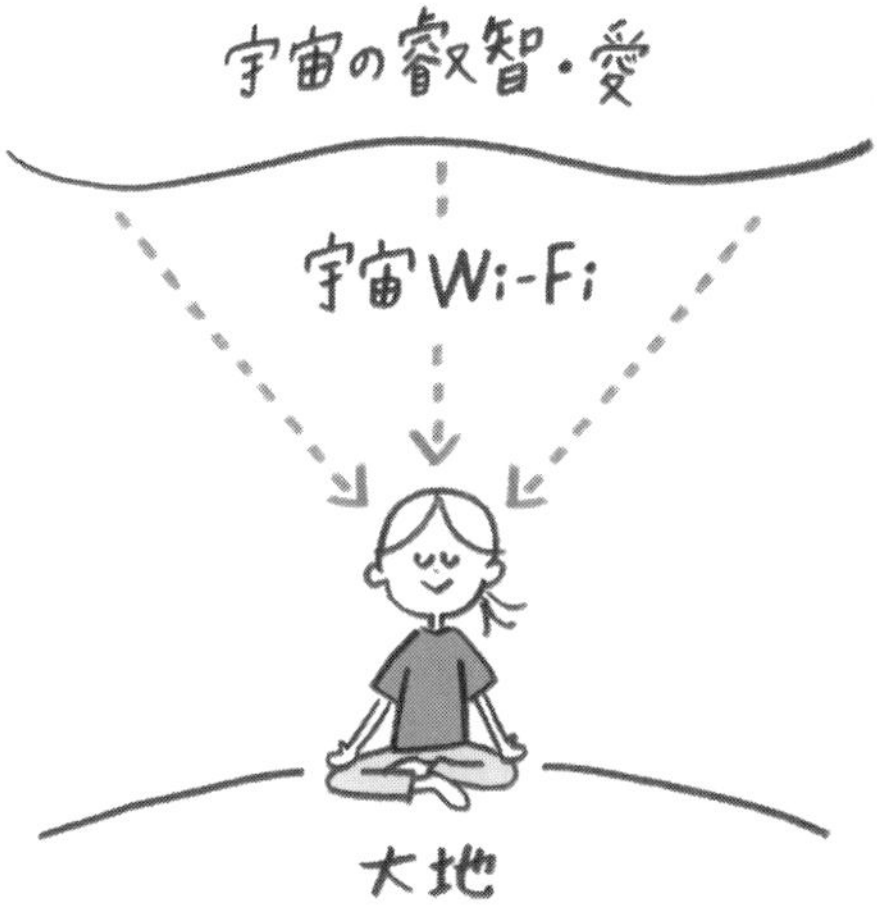

そうして宇宙とつながることで、「なんとなくこう思う」といった誰もが持っている「直感」が磨かれ、まるで観察したかのように答えを導き出せるようになる「直観」になる。

坐禅を現代風にした『「直感」を「直観」に育てる朝・昼・晩のワーク』（190ページ）を実践して、宇宙とつながってみよう。

AMY'S REALITY 18

直感とつながる力は誰もが持っている

誰でも、直感というのを感じたことがあると思います。

直感とは、理由はないけどそう思う、確信する、なぜかわかる、そのような感覚です。

こうした直感がどこから来るのかというのも、そもそも私たちはデータであり、そのデータから直感が来ていると考えたら納得です。そして、そのデータにWi-Fiのように無線で接続できる能力を本来誰でも持っているのです。

だから、自分が感じること、自分の直感を信じてみましょう。

自分にとってピンとくること、それがたとえ、世間の常識から外れていたとしても、身近な誰かに反対されようとも、とても難しそうなことであったとしても、それに従っていくと、人生はそもそものデータに従ってするすると動いていくのです。

意識は常にデータにつなげておく

自分の直感を信じて、自分のＷｉ－Ｆｉをきちんと接続していれば、地球とつながっていくこともできます。

そうすれば、地球の変化にうまく乗っていける情報がどこかから入ってきたり、波に乗れる行動を自然と取れるようになってきたりするのです。

三次元に見える世界の奥には、見えない膨大な可能性のデータがあります。私たちは肉体を持った存在なので、三次元的なことを疎《おろそ》かにせず、地に足をつけて、必要な行動を取っていくということがもちろん必要です。

しかし、そうしながらも、意識はデータにつなげておけば、必要な時に、必要な情報や出会いが、どこからともなくもたらされます。

SHA'S REALITY 19

望むパラレルワールドにシフトする「奇跡が起きる法則」とは?

「パラレルワールド」って、並行する形で存在する別の世界のことだけど、経験値を積んできた人は、これまでの学びが終わると、さらなる課題があるパラレルにシフトするため、新しい振動に体がなじむための期間が訪れるよ。人はある一定の経験値が上がった時に、さなぎが蝶《ちょう》になるように、エネルギー体が変わるんだけど、いつ変わるのかというと、一人でご飯を食べたり、トイレでいきんだり、お風呂に入ったりなど、体の中に何かしらの圧力がかかった時。肉体への圧力がきっかけで、突然人が入れ替わったようなことが起こるのさ。

この時のポイントは「一人」でいること。人と一緒にいてばかりだと、せっかく変わった波動がまた元に戻っちゃうからね。毎日、一人で空っぽになる時間を1分でもつくると、シンクロがいっぱい起こって、望むパラレルに移動できたりするよ。

AMY'S REALITY 19

一人になる時間が進化を促す

量子力学では、量子の状態は、観測されていない時は波（確定していない状態）、観測されている時は粒（確定している状態）だということは、すでにわかっています（35ページの注釈を参照）。

今の自分は観測されている（誰かに見られている）限り確定した状態なので、その固定された状態を変化させるには、誰にも見られていないという状態、つまり、一人の時間を持つことが必要になってきます。

あなたは、あなた自身の波動によって、常に変化、進化していくことができる存在です。**時々一人になって、自分はどんな経験を本当に望んでいるのか、どんな世界がいいのかを、自分自身で選択していくこと、**それが、自分の望むパラレルへ、自分をちゃんと連れていってくれるのです。

SHA'S REALITY 20

他者の時間をムダにするのは愛のない行為

愛がある・ないと言われるけれど、物理的な定義がない世界は、すべて愛。

一方、物理的な世界で愛がないと定義されるのは、他者の時間をムダにする行為、つまり、善意や悪意がある・ないに関係なく、結果として人を振り回してしまう行為のこと。

なぜかというと、そもそも君たちはデータだけの存在だと味気ないため、時間とともに変化する現象を楽しむ地球という星に来ているのに、相手を振り回して、不安にさせたり、嫌な気持ちにさせたりすることで、相手の思考を不自由にすることは、相手の時間をムダにする、愛のない行為ってことになってしまうからだよ。

AMY'S REALITY 20

愛を選択し、宇宙の流れに沿って生きる

私たちを活かすデータとはすべての生命の源であり、データの状態ではすべては愛です。

しかし、それが物理化された時、この世界は二元なので、愛と愛ではないものができてきます。だからこそ、愛の選択をしていくことが、宇宙の愛のエネルギーに同調し、流れに乗っていく方法です。

宇宙の流れに沿う、というのは、結局のところ、そのままのあなたでいればいい、あなたらしいあなた、そのままのあなたが最強ということです。

シャーは、「他者の時間をムダにするのは愛のない行為」と言っていますが、他にも、その人がその人らしくいられないような行為、例えば、本当はAという好き

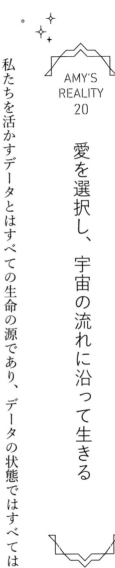

な仕事をしたいけれど、安定のためにBという仕事をしているなどは、すべて地球では愛のない行為と言えると思います。

自分が自分らしくいられるようになる、ということが最優先ですが、その上で、他の人もその人らしくいられるように気を配ったり、助けてあげられたりすると、なおいい循環が生まれていくでしょう。

その行為は愛か、愛ではないか？

何が愛なのか？ということは、時には判断が難しいこともあると思います。例えば、他人を助けてあげることは、愛のようにも思えますが、その人が自分でやる力を奪うことになるケースもあります。

また、誰かがお金に困っているとして、本当に苦しい時は助けるべきでも、ずっとそれを続けていれば、その人の新しい可能性を奪うことになりかねません。

愛なのか、そうでないのか、それは、自分も他人も、その人がその人らしくいら

れるかどうか、自然な状態でいられるかどうか、それを基準に考えると見えてくることがあると思います。

その観点から、自分のやっていることが、愛を奪う行為なのか、愛を与える行為なのか、考えてみることが大事です。

SHA'S REALITY 21

宇宙的な視点で見る感情の役割とは?

感情とは、自分の弱さを守ってくれるためのものだよ。いったん体にブレーキをかけるために起きてくれるんだ。例えば、大切な人を失った時、寂しさや悲しみで動けなくなるよね。行動できなくなることで、自分の中にこもり、自分の弱さも認めて、精神的な悟りの準備ができるようにしているんだ。

そして、苦しいけれど、その感情の振動を全身に響かせると、悲しみとともに学ぶこともできるし、いらだちとともに走りぬくこともできたりする。

また、今は時代の移り変わりの時期とも言われていて、今までの現実を変えなければいけないとなると勇気もいるし、怖さも出てくるよね。

でも、勇気って余裕がなければ出てこないから、怖さで動けなくなることでいったん自分と向き合い、リセットすることで自分に余裕を持たせてあげているんだよ。

AMY'S REALITY 21

ショックを受け入れるからこそ、人生はリセットできる

この世界は仮想現実で、私たちは人生ゲームをしているわけですが、もし、この世界で大切な人をなくしたり、誰かに裏切られたりなどという悲しい経験があったとしたら、ゲームだからと、なかなかすぐに割り切れるものではありません。

その事実を消化したり、受け入れたりするには、それ相応の時間が必要になります。その期間、動かなくて済むようにしてくれるのが感情なのです。

悲しいことが起きた時、それは、いったんリセットするための時間を与えられたというふうに考えることができます。

そして、その後、再スタートを切ることができるのです。

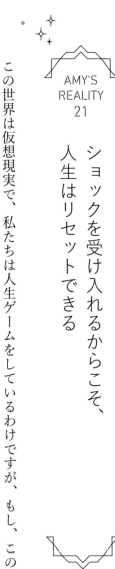

SHA'S REALITY 22

ハズレ親を選んだ人は、英雄になれる素質があるよ

近年、「親ガチャ」って言葉があるよね。子どもにとって安心できる「アタリ親」と、何かとぶつかってストレスになる「ハズレ親」がいて、子どもはそれを選べない、って意味で使われているみたいだね。

これを宇宙的な視点で見ると、「アタリ親」っていうのは、前世で交流があったデータだよ。たとえダメ親であっても攻略法がわかっているから、不安にのみ込まれたりせず、楽に乗りこなしていける親のことなんだ。

一方、「ハズレ親」っていうのは、前世で交流がなかったデータなので、攻略法がわからず苦労する親のこと。ハズレ親を選んだ人は、難しい課題をこなす人生になるけれど、その分、（この仮想世界での）英雄にもなれる人生ってことさ。

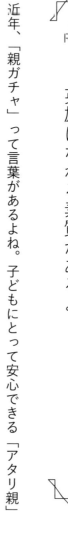

AMY'S REALITY 22

自分と合わない親であっても、親であることに意味がある

この世界に肉体を持って生まれてくるのに絶対的に必要なのが両親であり、そして、この世界で経験する初めての人間関係も両親です。「親ガチャ」という言葉が少し前にはやりましたが、どの家のどんな両親の元に生まれたかということに対して、当たり外れを感じることもあるかもしれません。

しかし、**どんな両親でも、自分にとって必要な経験をするための存在**です。

なかには、自分にはどうしても合わない親というのも、もちろん存在します。そのような場合でも、親と反発し合うことによって、本当の自分の望みがはっきりするなど、ちゃんと意味があります。

そうした人生には難しさもありますが、シャーによると、それは難易度の高いゲームをしているということで、多くの経験を持ち帰り、地球に貢献できるのです。

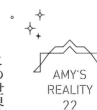

進化のスピードを上げる
SHA'S WORD
3

障害物は、ブレーキより アクセルで振り切る

体が動いちゃったら、気にせずＧＯ、ＧＯ！理由はわからないけど、なんかここに行かなきゃいけない気がする、とか、あれをやったほうがいい気がするなど、思考よりも体が先に動くことがあったら、考え込まずに動いちゃおう。それは、直感とつながっていて、面白い展開になることが多いからだよ。ボクも、「オニオンリングを食べたい」って思ったから、家主の体を借りてお店に食べに行ってみたら、隣の席にいた人と縁がつながって、今があるよ（笑）。

第4章

宇宙的予測！
地球の未来は、こう変わる

SHA'S REALITY 23

自分から湧き出る希望で生きていける時代が来た！

光と闇っていうけれど、闇っていうのは生きる希望となる光の充電が切れた状態のことだよ。

今、変革の時代と言われているけれど、それはあまりにも闇が大きくなってしまったので、充電して光にする時期が来ている、ってこと。

じゃあ、なんで闇があるかというと、人間は希望がないと絶望で自分の身を滅ぼしてしまう生き物だから、そういう人たちに希望を持たせるために闇が必要だったってわけさ。

本来は自分から湧き出る希望だけで生きていけるのに、誰かが言った「○○すれば幸せになれる」って言葉に洗脳されることで、希望が持てるだろう。

でもそれは、人間がつくった仮想現実。今は、そこを抜け出して自分の経験値を上げることが求められている。

闇を呪って暗いと不平を言うよりも、「進んで、灯りをつけましょう」の時代なんだよ。

地球にはまだ闇はあるけれど、闇の仕掛けてくることって、ちょっと考えれば避けられることだから、心配する必要はない。

陰謀論《いんぼうろん》のひとつに、誰かが亡くなったり失脚《しっきゃく》したりした時、「あの人は、秘密を知っていたから消された」って言われることがあるけれど、実はその人自身が地球と協力し合って、地球人に気づきを与えているってこともあるよ。

今、地球がすごく変わらなきゃいけない時期だからこそ、影響力がある人がそういう役割をすることもあるんだ。

AMY'S
REALITY
23

闇をなくそうとするよりも、自分が光を灯す意識を持つ

私たちは、光は良いもので、闇は悪いものだと思っています。しかし、光があれば必ず闇があり、それはなくなることはありません。決して排除することはできないのです。

シャーによれば、闇とは「生きる希望となる光の充電が切れた状態」だということですが、つまり、**闇と光は同一のもの**です。

また、**闇は不必要なものではなく、闇にも役割があります。**

人々が富と権力と娯楽を求めるように仕向けられていたとしても、その中で、楽しい時間を過ごせたという人も多かったのです。たとえそれが、まやかしだとしても、

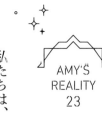

今後、光が闇を倒して地球は光だけになる、というのも幻想です。闇が充電されて光になることはありますが、それは、あなた以外の誰かがやってくれるのではなく、**あなた自身が光であり、光を灯そうとする意識であることで光が満ちてきます。闇を倒そうという意識では、光は満ちてこないのです。**

コロナ禍以降、地球の闇もずいぶん表に出てきた感がありますが、これらをやっつけよう、なくそう、という意識ではなく、これらに光を充電していこう、という意識でいることが大事です。

SHA'S
REALITY
24

何かを信じるシステムからは、もう卒業する時だよ

ワンネスの感覚を知りたい、って思うかもしれないけれど、笑う余裕がないとワンネスにはなれないよ。

だから、笑う余裕をつくるために、これまでの時代は、そんなに窮屈《きゅうくつ》なら偶像の神を信じていいよ、目覚められないスピリチュアルを信じていいよ、というふうに信じるものをつくっていたんだ。

だって、本当に苦しい時って、藁《わら》にもすがりたくなるだろ。そんな時は、信じている人が言っていることを言う通りにやって認められることで、安心感を得て、笑えるようになるよね。

だから、それは悪いことじゃなくて、必要なことだったんだ。

これからの宗教やスピリチュアルは、洗脳のないものに生まれ変わるよ。宗教やスピリチュアルがいけないわけではなく、洗脳が覚醒の邪魔をしているからね。

ただ、赤ちゃんに対して、生まれてすぐ「自立しなさい！」とは思わないのと同じで、地球も、神にすがって甘えたり、崇拝していたりする君らを、大きな愛で包んでいたんだよ。

でも、そろそろ地球人も神から卒業する時が来た。

地球は、宗教であろうがスピリチュアルであろうが、集団コントロールで文化が発達することはない、ってことを君たちに教えようとしている。

地球と新たな関係をつくる時代が来ているよ。

AMY'S REALITY 24

依存から抜けて、自分自身の生き方に責任を持つ

自分以外の何かを信じることにより、心が軽くなる、救われるということはもちろんあると思います。

しかし、それは結局一時的なものであり、本当の救いにはならない、ということに気づかなくてはいけない時代が来ています。

安倍元首相の事件あたりから、宗教の問題がたびたび取り上げられていますが、それは今、宗教が変わらなくてはいけない段階に来ているからです。

地球がそういう時期に差しかかっているから、そのような事件が起きるということなのです。

芸能人などに過度に熱狂するのも、自分より他人に重きを置いてしまうひとつの

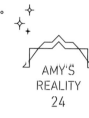

例ですが、大きな力を持つ芸能事務所の闇が次々と明らかになったりするのも、時代の変革に必要なことが起こっていると言えるでしょう。

誰もが宇宙とつながっている存在

また、これまでは、あるスピリチュアルリーダーが言うことを、そのまま盲信《もうしん》してついて行ってしまう、というようなこともあったかもしれません。

こうすれば幸せになれる、助かることができる、そのようなものに、多くの人がついて行きがちです。

しかし、ある人にだけ特別なメッセージが降りてくるなんてことはありませんし、ある特定の人だけが宇宙（データ）とつながっているということもありません。

全員、自分自身のデータとつながるＷｉ－Ｆｉを持っているのです。

だから、今後、**自分だけが宇宙のメッセージを受け取れるというようなことを言う人がいたら、その人は信用できないと**判断していいでしょう。

もちろん、受け取るものは人それぞれなので、自分以外の誰かの言うことが参考になることはあると思いますが、**自分の力を誰かにゆだねるのではなく、自分自身がそうした存在、宇宙からメッセージを受け取れる存在だということを、それぞれが知る**ことが大事になってきます。

二極化の真実。そして多極化する時代へ

これからの世界は二極化すると言われていますが、それは、**自分の力を信じる人と、自分の力を誰かにゆだねてしまう人に、二極化していく**のです。

そして本当は、この中の自分の力を信じる人たちが、自分自身の道を自然体で歩いていった結果、多極化していくというのが、今起こりつつあることなのです。

自然体でいるということは、そのままの自分でいるということであり、それは誰の真似でもなく唯一無二のもので、人の数だけあるものです。

自然体で生きている人と自然体で生きていない人が分かれていく、とも言えるでしょう。

誰か影響力のある人に大勢がついて行ったり、ありがたがったりする時代は終わりました。個人個人が、自分自身の生き方を見つめ、責任を持ち、何にも依存せずに自立して生きていく時代が到来しているのです。

SHA'S REALITY 25

科学の発達で、望めばなんでも叶うようになる

今は科学によって、40、50代くらいまで子どもを産めるようになってきているけれど、そのうち卵子を凍結しておけば60歳でも産めるようになったり、男の人でもIPS細胞から自分の分身ができたりする時代が来るよ。

つまり、自分が望めばなんでも叶うようになる。こんなふうにすぐ夢が叶う時代になったら、ストレスをためないことが大切だ。

ストレスがあると、目の前の苦痛に囚《とら》われて「望みのセンサー」が鈍るので、例えば、暴飲暴食をして病気になったり、自分を大切にしてくれない人を好きになって執着したりなど、本当の望みではない幻想に依存してしまう危険が出てくる。依存している人がいけないんじゃなくて、依存する人をつくる歪んだ社会システムを直すことが先決だね。

AMY'S REALITY 25

ノンストレスで、望んだことが現実になる時代へ

これから個性の時代になっていく過程で、経済も大きく変わっていきます。

これまでは、平均的な人が欲する商品やサービスをつくれば売れた時代でしたが、これからは、その人がその人の個性を発揮したものが売れる時代になってきます。

そうした変化の中で、取り残されたようになってしまう人には、救済する社会システムができ、**誰もが自分らしく生きていれば、物質的にも豊かになっていき、ストレスがたまらないという社会が、だんだんと実現していく**でしょう。

また、結婚という制度も変わっていきます。今、すでに変わってきていますが、これまでの男性と女性という組み合わせだけではなくなって、ウェブ上だけの結婚なども登場するそうです。**社会に自分が合わせるのではなく、自分が望むようなことをそのまま実現できる社会になっていきます。**

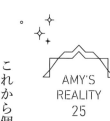

SHA'S REALITY 26

ブレーキをかける文化から振り切る文化に変わっていくよ

スピリチュアル界隈《かいわい》では、よく「コロナをきっかけに地球は大転換する」って言われているけれど、ボクからしたら、地球が大転換の準備ができたからコロナが姿を現してくれた、という感じさ。

実は、コロナが起きたのは、地球人の何割かがすぐ覚醒《かくせい》して乗り越えられるような準備ができた、っていうサインなんだよ。

例えば、癌《がん》の検査が精密になったことで、これまで発見できなかった癌を見つけられるようになった結果、癌患者が増えたのと一緒で、コロナも科学が発達したことで病気だと認定できるようになった。

おそらく、第2、第3のコロナは出てくると思うけれど、その時には、もっと科学が発展しているから、最初の時のように迷信に振り回されることもなくなるよ。人体に安全な薬もすぐにつくれるようになって、文明は変わっていくと思う。

これから人間の文化は、ブレーキをかける（制限をかける）文化から、振り切る文化（何かが起きても対処できる、平常心で乗り越えていける）に変わっていくように感じるよ。

ブレーキをかけて時間をムダにするんじゃなくて、目的のところにまず行けばいい、って感覚が養われている人が、最近は増えてきているからね。

AMY'S REALITY 26

コロナが出現したのは、地球の進化の結果

コロナによって大きく生活が変わった人も、そうでない人もいると思いますが、もし生活は変わらなくとも、コロナによって気づきが起きたとか、何か新しいことを始めようと思ったなど、多くの人になんらかの変化はあったのではないかと思います。

コロナによって世界は変わっていったように見えますが、シャーによると、「コロナ出現 → 大変革」ではなく、地球の科学が発展したことや、地球の人々が目覚め始めてきたことによって、「大変革の準備ができた → コロナ出現」という順番だということです。つまり、**地球の進化の過程で、コロナに対応できるような科学力に達した時期が来たからコロナが出現した、**ということです。

シャーは、また第2コロナ、第3コロナが起きるだろう、と言っていますが、確

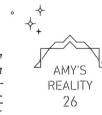

かに、そうなっても、みんなある程度対処法もわかっているし、今回のような大騒ぎにはならないでしょう。

どんなに大変なことも、結局はいいことになる

コロナなど、そうした危機とも言えることを経験していくことで、何かがあっても乗り越えられるようになっていく、と聞くと、結局のところ、**どんなことがあっても、たとえそれが辛く大変に感じることであっても、後から見たら必要なこと、いいことになっていく**のだなと思います。

そして、コロナの出現を、地球の科学の発展だと捉えると、全然悪いことではないような気がしてくるから不思議ですね。

また、コロナは地球人の何割かが覚醒したサイン、または、すぐに覚醒できる状態になったサインだということですが、覚醒とは、この世界、宇宙とは何なのかということ、そして自分とはどういう存在なのか、ということに気づき、その中で個人がそれぞれの役割を果たしていく、という生き方を選択することです。

SHA'S REALITY 27

進化のためには、リセットが必要だよ

エネルギーは無限だけど、物理化したものには限りがあるよ。

地球人が物質に飛びつけば飛びつくほど、人間のエネルギーは枯れていってしまうから、エネルギーを枯渇させないために、地球人の意識を変えるリセット的なことが必要なんだ。その始まりがコロナと言える。

これからもリセットするためにいろいろなことが起こるけど、地球も生き物だから、地球や地球人が滅びてしまうような災害は起きないよ。

ただ、地域によっては多くの人が転生したり、国がなくなってしまう、というようなこともあるかもしれない。

例えば、5Gは体に悪いと言われているけれど、体に悪影響を与えず適応できる技術はすでに宇宙データ上にあるから、それを実現するために、つまり進化させるために、今あるものを壊すようなことも起こる可能性はある。

地球は、体に優しい科学、共存できる形の科学を求めているんだ。有害な物質を出すようなことがあれば、被害を最小限に食い止めるために、地球が何かを起こすということもあるよ。

人と人が殺し合ったりすることなく、自然なサイクルで輪廻《りんね》し、全員が幸せなゲームをしながら地球と共存できる時代が、もうすぐそこまで来ているんだ。

AMY'S REALITY 27

激動の時代を超える秘訣

コロナ禍は始まりで、これから地球にはさらに大変化が起きていき、それには破壊的なことも含まれる、というような予測とも予言とも言えることを聞いたことのある人も多いかもしれません。

しかしそれも、地球の未来にとって不必要なものを手放していったり、地球の進化の過程で起こることで、その先には、人間にとってもっと生きやすい世界が待っているのです。

それを乗り切るのに大事なことは、**地球の波動に合わせていく、つまり、一人ひとりが自分らしさや、自分の幸せを選んでいく**ということです。

そして、**幸せであるためには、自分自身を知り、自分のやりたいことに従って、**

毎日の生活を送っていくということが必要です。

そうした、当たり前のことが大事であって、何か特別な準備をする必要はありません。恐怖を煽《あお》る情報に惑《まど》わされないようにしましょう。

自分自身のやりたいことをひとつでも多く行動に移して、経験値を上げていくこと、そうすることが、自分自身の波動を上げ、地球と歩みをともにして、激動の時代を乗り切る唯一の鍵なのです。

SHA'S REALITY 28

地震は、地球の進化に必要な出来事

地震が起こることへの不安を持っている人も多いけれど、なぜ地震が起こるのかというと、地球も人間も同じ生命体で、生命体というものは、大きな振動によって覚醒や進化をしていくからなんだ。

例えば君たちも、リストラに遭ったり、愛する人と別れたり、大病をしたりなど、大きなショックを受けた時ほど、本気で生き方を変えようと思うよね。それと同様に、地球も進化の時は内なる自分が宇宙とつながって震えるんだ。

地球は人間とは比べものにならないほど大きい生命体なので、震えた時の強烈な振動で、時に大きな災害になることもあるけれど、それは決して神の怒りや祟《たた》りではない。

自然災害が起こると、地球が怒っているとか、人類への罰というふうに捉える人もいるけれど、それはまだまだ文明が未発達だった時代の名残だよ。たび重なる自然災害で悲しい思いをすることに対して、「神である地球の怒りだから仕方ない」と思うことでしか、前に進めなかったからなんだ。

今君たちは、宇宙も、地球も、人間も、すべてはひとつ、ワンネスという感覚にたどり着こうとしている。そんな時に、未来は神に選ばれた人だけが残る、といった感覚に陥っていると、いつまでたっても進化できなくなっちゃうよ。

これからは、地球を神格化するのではなく、同じ生命体として進化しようとする地球に寄り添い、地球に愛を送っていこう。

地球と人間がテレパシーで話せるようになれたら、地震は起きても、犠牲者を出さずに済むような技術が生まれたりして、犠牲を伴う覚醒がなくなるようになるよ。

AMY'S REALITY 28

進化を迫られている人間

これまでの地球人は、群れをなして、どの群れが強いのか、どれだけ多くを獲得するかを戦って競って勝ち取るような傾向がありました。

しかしこれからは、今までの常識を覆《くつがえ》して、競ったり戦ったりすることなく、一人ひとりが自分自身の意思を実現することで、幸せな社会をつくっていくことができるようになっていきます。

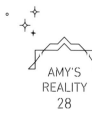

その過程で、これからの地球にそぐわない傾向を持つ人や地域、例えば戦うことや競って一番になることが好きな人、その傾向が強い人や地域などに、これからなんらかの気づきが促されることが起きてくるのは、避けられないことなのかもしれません。

寿命も自分で決めてきているのですが、それは、自分のデータによって決まっているということです。

新地球に合う人間が増えてくる

また、**地球自身も「今の地球にはこんな人間が必要」ということを、すべての生命がつくられる元となる宇宙のデータベース、アカシックレコードに発注しており、それによって、地球の進化に合った人間がちゃんと地球上に生まれてくるようになっているのだ**そうです。

本当に、宇宙は完璧に動いているのですね。

これからの地球は、被害者意識の強い人や、戦う意識、競争意識の強い人は生まれづらくなる惑星になり、自分の意思で自分の幸せな人生を創造していく人、そして寿命が長い人が増えていくでしょう。

SHA'S REALITY 29

50歳で成人式、60歳でひよっこ⁉ 地球人の寿命は延びていくよ

人間の寿命の設定は、惑星の寿命設定で決まるよ。

例えば、平均寿命100年の惑星なら、その上に乗っかっている生き物は猿のような動物、もしくは植物だけでもいいかもしれない。だって、100年なんてあっという間だからね。

でも、寿命が何十億年、何百億年と設定してきた惑星なら、その上の生命もただぼーっと生きているだけじゃ、退屈だろ。だから、その惑星に住む生命は、自分たちの惑星と宇宙をつなぐ役割を担《にな》えるように、進化できる設定になっているんだ。

地球人は、体が有限で寿命があるから、いろんな恐怖が起きる。でも、みんなが自分の寿命を知り、寿命をまっとうできて、地球人が言うところの天国に楽しく行

ける、っていう時代が来たら、恐怖もなくなるよね。

これからは、誰もが１２０歳まで生きて、寿命をまっとうした後に経験したデータを引き継げるということが、科学でわかってくるようになるよ。死生観は、進化とともに変わっていくと思う。


寿命の設定が長くなると、若いうちに勉強しないと間に合わない、という概念が覆り、勉強をする一番いい時も、恋をする一番いい年齢も全部変わっていくよ。君たちが60、70歳になった時に、「まだまだひよっこだね」と90、１００歳になる人が元気に生きていたり、50歳で成人式を迎える、って時代になる。

信じられないかもしれないけど、本当にそんな時代が来るんだよ。

AMY'S REALITY 29

より自由に、自分らしく生きられる時代の到来

死ぬのが怖い、という人は多いでしょう。

はとんどの人はそうかもしれません。しかし、私たちの本質は肉体ではなく、データです。私たちがこの地球で経験したことはデータとして残り、それはちゃんと引き継がれます。

そうした仕組みを知ることで、死は怖いことではなくなり、生きるということをもっと楽しむことができる人が増えてくるでしょう。

老いが怖くなくなる未来

もし寿命が１２０歳になったら、これを読んでいる皆さんの多くは、まだ人生の前半であり、これから、まだまださまざまな経験を積むことができます。

寿命が短いと、生きることだけに必死にならざるを得ませんが、寿命が長くなればなるほど、自分のやりたいことに時間が使えるようになってきます。

また学習や結婚などの適齢期がなくなり、自分が学びたい時に学び、結婚したい時に結婚することができるようになってきます。

私たちは、より自由に、自分らしく生きていけるようになるということです。歳を取れば取るほど、人生が楽しくなり、老いが怖くなくなる、というのは素晴らしいことですね。

これからは、身についてしまった条件反射や古い価値観、世間体を気にして生きていると大損する時代と言えます。常識は捨てて、自分のやりたい道に邁進しましょう。

最近、50代でも60代でも70代でも若いな、と思う人は本当に増えています。私自身も、「10年前と全然変わらないね」とよく言われます。

そして、なんだかんだで70歳くらいまでは、今とそれほど変わらない感覚で生きていけるのではないかというような予感があります。
自分の好きなことをやること、そして、体にちゃんと気を使えば、いつまでも自分らしくイキイキと生きていくことが可能だと思っています。

100年ほど前は、10代で多くの人が結婚していた、結婚しなくてはと考えていたことを考えると、私たちはかなりのスピードで進化していると言ってもいいのかもしれません。

今、結婚年齢や出産年齢が上がってきているのは、寿命が長くなってきているからこ、それは私たちが進化している証拠なのです。

愛のエネルギーのムダ遣いをやめる

寿命は自分で決めてきていますが、誰もが持って生まれてきている愛のエネルギー（宇宙のかけら）をうまく使って生きるか、ムダ遣いして生きているかで、寿命の長さは多少変わってくるようです。

これからは寿命が延びる時代になるということは、**愛のエネルギーをムダ遣いしない人、つまり、自分らしく生きる人が増えてくる**ということです。

またシャーによると、もうしばらくすると、人は、生き方によって寿命が計算できるようになり、自分の寿命を自分で知ることができるようになる（死を迎える5年くらい前に、それが自分でわかるようになる）とのことです。

今はまだ、自分の寿命を知ることに怖さを感じる人が多いと思いますが、いずれ私たちが、本当の自分を思い出し、生死の仕組みを深くから理解できるようになれば、前もって寿命がわかることはありがたいことになるかもしれませんね。

SHA'S REALITY 30

ニューバージョンの子どもたちが増えてくる

例えば、牛だったら生まれてすぐ立つ、ライオンだったらすぐ狩りを覚える、みたいな本能があるでしょ。

遺伝子工学が進んでくると、人間もそうした本能のひとつに、生まれてすぐスマホを使えるようになる、2か国語をしゃべれるようになる、といったものが遺伝子に組み込まれ始めるよ。

才能を持っていれば5歳でも起業して、「ママに教えてもらって会社をつくったら、年商が1億円になった」といった子どもたちも出てくる。

人類が経験を積めば積むほど、その経験値が生まれてくる子どもたちに引き継がれるので、最初からできることが増えていく。結果、ニューバージョンの人間が増えてくるよ。

今、小学生、中学生くらいの子が大人になったあたりから、日本も世界も爆変わりすると思う。善も悪も超えた、愛がいっぱいの子が増えて、ここまで愛を体で表現できるんだな、ってことを見せられる日が来ると思う。

それなのに、「ああしなければいけない」「こうしないとダメ」という思い込みをしている親が、果敢《かかん》にチャレンジしている子どもたちを怖がらせているのが現実だ。

宇宙では、地球は「思い込み」の人が多いって噂《うわさ》だよ。

これまでは、子どもを教育して世間体を良くしなきゃと思っていたかもしれないけれど、今はそのバランスが変わった。どこに住んでいようと、何をしていようと、やりたいことは叶うし、出会いたい人とは出会えるようになるよ。

だから、君たち大人は、子どもたちにブレーキをかけたりしないで、一緒に振り切って進んでみるといいね。

AMY'S REALITY 30

大人はもっと自由でいい！これからは、子どもから学ぶ時代

最近の子どもたちは、私たちより早くいろんなことができるようになったり、いろんなことを知っていたりすると思いませんか？

自分の娘を見ていても思いますが、私が何も教えなくてもスマホの使い方を覚えたり、他の国の言語を自然と覚えてきたり、私たち世代が必死で頑張らないと身につかないようなことも、スラスラとできてしまうんだな、という印象があります。

それも、私たちの経験値がデータとして積み上げられていて、そのデータを最初から持って生まれてくるから、と言われると納得です。

私たちは、大人が子どもに教えなければいけないと思うかもしれませんが、これからは、子どもから学ぶ時代とも言えるのです。

私たちも思い返してみると、まだ人目や常識をそれほど気にしなくてもよく、そ

して自分で稼ぐ必要もなかった子どもの頃というのは、今よりもっと、やりたいことにまっすぐだったと思います。その頃を思い出して、**もっと自由に、もっと素直に、ただ自分を表現していきましょう。それが、愛を表現するということです。**

愛のある子育てとは？

子どもを常識や世間体に合わせて、良い学校に入れたり、良い仕事に就かせようとしたりする時代は終わりました。一人ひとり、持って生まれたものも、やりたいことも違います。みんな同じようには育たないのです。

そして子どもたちは、自分のやりたいことなら、自分から熱意を持って学びます。ですので、**親のできることは子どものやりたいことをただ応援し、見守っていくこと**なのです。

子どもも、画一的に成績がいい子、運動ができる子、などを目指して育てるのではなく、その子がその子らしく育つようにサポートしていく、それが愛のある育て方です。

SHA'S REALITY 31

健康づくりが経済を動かす時代に

今、病気になる人が増えているようだけど、それは、病気になるような経験値（ストレス）を積んでいる人が多いってことだよ。

ストレスのもとがない社会環境になるまでは、病気になる人は多いのかもしれないけれど、そのことによって、人々は病気にならないための医療の発達、つまり、健康づくりというものにお金をかけるようになる。

病気になってからお金をかけるのではなくて、健康を保つためにお金を使い、それで経済が回るようにならないと最先端の生き方ができない、ってことに気づいてくると思う。

健康づくりというものが実際、医療と同等の価値があるという形に、文化が変わっていくと思うよ。

AMY'S REALITY 31

根本的な体質改善に勝るものはない

現状はまだ、病気になったら医者に行く、という考え方の人が大半で、自分自身で栄養や食生活に気をつけたり、運動などを積極的に取り入れたりして、まずは病気にならないようにしようと心がけている人は少ないかもしれません。

しかし、**これからは、健康にも自分の体にも自分で責任をとっていく時代です。**

また、これまでは利益の追求のために、食の安全は二の次にされてきましたが、お金を追い求める人が減り、健康を追い求める人が増えてくれば、それも自然と変わっていくでしょう。

これから、健康や医療も大きく変わります。

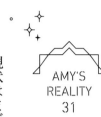

もちろん、症状を一時的に抑えるために、医療や薬が必要なこともあると思いますが、それは、根本的な解決にはなりません。

食事や体に入れるものを見直して、適度に運動をし、根本的な体質改善をしていくこと。

時間はかかったとしても、これに勝るものはありません。

本来の自分を生きていれば、病気にならない

やりたいことをやるにも、まず健康あってこそです。

私自身、積極的にタンパク質や栄養を摂取したり、骨格を整えたり、筋力をつける運動習慣を持つようになったり、睡眠に気を配ったりするようになってから、健康状態がとても良い方向へ変化してきました。

多くの人が自分の健康に自分で気をつけるようになれば、医療費も削減できるでしょう。

また、本来の自分を生きていれば、愛のエネルギーが滞りなく循環していくので、病気にならない（設定として病気を決めてきている場合を除き）ということを、理解する人が増えるでしょう。

SHA'S REALITY 32

ベーシックインカムは、ストレスのない世の中になったら始まるよ

地球では、現在の中央銀行制度[※1]から、量子金融システム[※2]に変わるという話もあるようだけど、残念ながらまだもう少しかかりそうだ。あと10年くらいかな。

今の地球は、一部の人に富が集中するおかしなシステムだから、量子金融システムという宇宙のシステムでお金を回そう、ってことなんだけどね。

でも、そのためには、約80億人の地球人、貧困層も含めて、お金とは愛であり、愛を還元するシステムだという認識にならないといけない。宇宙のシステムは愛が基本なので、量子金融システムになるには、この認識が必須だからだ。

そして、お金という愛が還元されるには、経験値を積むことしかない。経験を積んで悟った人ほど愛の純度は高くなるから、そういう人にお金は循環するようになるよ。

ベーシックインカム[※3]が始まることを期待している人も多いけれど、みんなが欠乏感やストレス解消のために、必要のないものまで買っていたら、ベーシックインカムは始まらない。だって、お金がないのに、高級バッグをいくつも買っちゃったら、いくらベーシックインカムが始まっても貧しいままでしょ。

お金があってもなくても満たされる人が増えると、ベーシックインカムはスタートする。そのためには、まずブラックな働き方を減らして、ストレスのない世の中になるのが先決だね。

※1　国や国家連合などの中核となる中央銀行を通じて、金融調整や金融政策をおこなう制度。日本でいえば、日本銀行が中央銀行に当たる。

※2　人工衛星上の量子コンピューターを使う、新しい金融システム。

※3　国からすべての国民に、一定額の金額を恒久的に支給する制度のこと。

AMY'S REALITY 32

お金は、愛に基づいて循環させる

現在のお金のシステムが変わることを望んでいる人は多いと思いますが、そのためには、まず私たちが、愛を循環するように稼いだり使ったりしなくてはいけません。愛を循環するというのは、自分の持っているものを表現したり、人に提供したりして、誰かのために役立てていくことで、お金を得ていくこと。

そして、お金を使う際は、自分や誰かが本当に必要なものや、本当に欲しいもの、本当にやりたいことに使っていくということです。

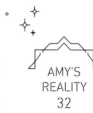

本来、人が生きる目的はお金ではありませんが、今はまだ、お金が目的になってしまっている人も多いかもしれません。

それは、今はお金がお金を生むシステムなので仕方のない部分もありますが、これからは、**お金が目的ではなく、お金を得たり使ったりする際に、自分を表現していくこと、自分のやりたいことをやること、自分の経験値を上げていくことが大事**です。

自分は何ができるのか、自分にとって何が必要なのか、何が欲しいのか、それを個人個人がちゃんと考えていく必要があるのです。

お金のムダ遣いは、愛のない行為

結局のところ、欠乏感やストレス解消のためにお金を使っていたら、それはお金のムダ遣いというだけでなく、資源のムダ遣いでもあるわけです。そしてそれは、愛のない行為と言わざるを得ません。

ただ、シャーによると、その人が悪い人だから愛のない行為をしてしまうのではなく、仕事で過度なストレスがかかるなど、環境によってそうなってしまうということです。個人個人が愛のある行為を選択することで、ストレスのない社会の実現も近づきます。

SHA'S REALITY 33

フリーエネルギーよりも かっこいいエネルギーが出てくるよ

新しい時代に期待するものとして、ベーシックインカム同様、フリーエネルギー[※1]の登場も望まれているよね。

フリーエネルギーに関しても、君たちが愛を循環させられるようになったら、社会に現れてくるよ。だって、利益独占や戦いなど、自分(自国)の都合のいいようにフリーエネルギーを使うようになったら、地球は大変なことになっちゃうだろ。

ボクは、みんなが言っているフリーエネルギーよりも、もうちょっとかっこいいエネルギーが出てくると思うんだ。

例えば、インドで聖者として知られているサイババって、手からいろんなものを出したりするでしょ。何もないところから物質が現れるっていうと怪しいけれど、実は、磁場[※2]を変成させたら物理化できるんだ。磁場を変成させる磁力[※3]は、宇宙で唯一、枯渇《こかつ》しないエネルギーなんだよ。

だから、磁力という永遠のエネルギーに、物理化する化学式を組み合わせることができたら、絶対に枯渇することのない無限のエネルギーになるんだよ。

※1　石油や石炭などのように環境を汚さず、無限に使えるエネルギー。

※2　磁力が作用している範囲。方位磁石が北を向くのは、地球に磁場があるから。

※3　磁石が引き合ったり反発しあったりする力や、電流と電流の間に働く力など。地球など惑星をつくっている鉱物には金属が含まれていることから、惑星自体が発電し、磁力を生んでいると言われている。

AMY'S REALITY 33

自分らしく生きて、エネルギーのムダ遣いをやめる

経済や社会システムも、個人がそれぞれの自分らしさを軸に生きるようになったら変わってくるとのことでしたが、フリーエネルギーも同じです。

フリーエネルギーもベーシックインカムと同じで、私たちがムダにエネルギーを使わなくなったら登場してくるのです。

ムダにエネルギーを使わないためには、やはり一人ひとりが、自分にとっての「本当に大事なもの」や、「ちょうどいいもの」を知ることです。

あと少しで、奇跡のような技術が現れる

シャーによれば、磁力によるフリーエネルギーは、医療用は約5年後、一般的にはその後実現していくということです。

フリーエネルギーの登場とともに、今後、例えば、シールを貼ればそれがスマホと同じような機能を果たしたり、乗り物に関しては、乗らなくていい、移動しなくてもいい、というような技術が生まれてくるそうです。

それは例えば、ゴーグルがあれば、実際に遠く離れた人に会えたり、物に触《さわ》れたりするような技術です。

今までからすると奇跡のような技術、ドラえもんの道具のような技術が、本当に現れてくるということです。

今はまだ、実感が湧かないかもしれませんが、30年前は一般的にはインターネットもなかったことを思えば、こうしたことが実現していくのは、全くあり得ないことではないのです。

SHA'S REALITY 34

科学が発達すると、次元も上がる

地球では、三次元、四次元、五次元っていうふうに次元で考えるよね。

例えば、四次元は、時間の感覚を変えることができる次元、つまり、科学によって移動速度の速い乗り物が実現していく段階。五次元はバーチャルリアリティの次元、つまり、体を使って体験しなくても現実かのように経験できる段階。六次元は、AIを使って故人やこれから誕生する人とコミュニケーションがとれるようになる次元、つまり、器があればエネルギー（データ）をいつでも降ろせる段階。

こんなふうに定義づけはできるけど、本当は次元って無限にある。例えば、地球に80億人いたらそれぞれ周波数が違うから、80億通りの次元があるってこと。

今後、地球でも科学が発達していくと、地球の平均的な次元も上がっていくよ。科学は、見えない世界を現実にして、次元を上げる役割があるんだね。

AMY'S REALITY 34

科学は愛にたどり着く

それぞれの人が、それぞれの周波数で、それぞれの世界を創造している。これが、次元が無限にある、ということであり、「一人ひと宇宙」ということです。

「すべて」である愛のエネルギーに科学がたどり着くこと、これが、進化の行き着く先ですが、私たちは、そもそも「すべて」である愛のエネルギーから分離して生まれてきて、またそこへたどり着く、というゲームを延々と繰り返している存在なのです。

私たちが自分という存在を理解し、それぞれの精神性を高めていけば、愛にたどり着きますし、科学が発達していくと、結局、愛へたどり着きます。

一見、科学と精神性というのは相反するように思いますが、進化の先にあるのは、どちらも愛なのです。

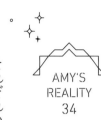

SHA'S REALITY 35

地球の進化するゲームは、第一段階のゴールが見えてきた！

今、地球の環境破壊が問題になっているよね。

でも、地球からしたら、ちょっと暴れてみたい、って感じなんだ。これは、一人のお母さんの中に、怒りん坊な側面と優しい側面があるのと一緒。

地球は君たちの想像がつかないくらい、広くて大きいんだよ。例えば、親を理解しようと思っても、自分よりも長く生きている親がどんな経験をしているかは、一緒にいてもわからないでしょ。

地球も同じ。何億年も生きているひとつの生物で、暴れたい時は暴れたいし、メッセージを伝えたい時は伝えたい。そういった感じで、地球の上にいる君たちと仲良くしようとしているんだ。

だから、怖い存在ではなく、すごく偉大だけど、すごく優しくて、すごく平等な存在なんだよ。

自然災害が起きたり、戦争が起きたりなど、悲惨な出来事が起きるのも、地球の進化の過程で起きている。

科学や文明が発達し、みんながもう争う必要はないと思えるようになったら、そこが地球ゲームの第一のゴール（ゴールしたら、別のゲームが始まるけどね）。

そうした経験を通して、人間が幸せや平和を求めるようになっていくのさ。

あと少しで、地球人全員が幸せなゲームをしながら、地球と共存できるところに来ているよ！

AMY'S REALITY 35

すべては必要だから起きている

地球では、戦争や災害や環境破壊など、起こってほしくないようなことも起こります。しかし、**地球上で起こることは、地球と地球上にいる人たちの進化のバランスにより決まるようになっていて、地球のステージに合ったことしか起きていない**のです。

地球のことを「マザーアース」という呼び方がありますが、地球は本当に私たちのお母さんのように、時には優しく、時には厳しく、私たちを見守り、そして一緒に歩んでくれているのです。

どんなことが起こったとしても、心配するのではなく、進化の過程で起きていること、必要だから起きていることなのだという視点を持っていることが大事です。

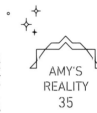

その中で私たちは、**自分が自分らしく生きればいいのであって、争う必要も、奪う必要も、一番になる必要もない、ということをちゃんと理解して生きていくことが求められています。**

みんながそのように生きていけるようになったら、今おこなわれている地球ゲームの第一のゴールに到達します。

その日が待ち遠しいですね。

進化のスピードを上げる
SHA'S WORD
4

宇宙も地球も、本人認証の時代がやって来る！

烏合《うごう》の衆《しゅう》になって指示を待つより、経験値を上げて、君本人の認証ポイントを増やそう。どういう経験であっても、それは君だけのオリジナルの経験値として個性になり、人と比べることなく胸を張れるようになれるからだ。認証ポイントを貯めて、地球ゲームをクリアしよう！

第5章

宇宙が期待する「日本人」の役割

SHA'S REALITY 36

日本は、子どもの夢を叶え善悪を超えていく国

意外かもしれないけど、日本は子どもの夢を叶える国なんだ。

日本は、子どもの夢を叶える文化がすべてにおいて一番。ゲームもアニメも、遊びもね。子どもから発信する文化において、日本はリーダーになりやすい。

それに、日本は子ども同士で外に遊びに行くことは普通だけど、スラム街や誘拐が日常茶飯事の海外では、子どもだけで外出したり留守番したりすることが法律で禁止されている国も多い。

日本では家庭の貧困に関係なく、学校から帰ってきたら、子ども同士で公園で遊んだりできる環境があるから、親がダメでも子は育つ環境もある。

それは、日本にはもともと、子どもを大切にする、子どもを守る文化があって、

子どもの遊びに大人は干渉しない、大人のダークな世界を子どもには言わない、といった暗黙の約束があるからなんだ。

だから、子どもたちは、みんな平等って感覚を持ちやすい。

実は、ゲームとアニメ大国の日本人は、スピリチュアルエリートなんだよ。

『鬼滅の刃』とか『ONE PIECE』のように、悪人の鬼でも善、海賊で悪党なのに善というふうに、善も悪もなく最後はみんな仲良くなれるようなことを伝えている。世界中で日本のゲームやアニメがはやっているけれど、まさにワンネスを伝える文化なんだ。

ちなみに、ボクが言う「日本人はスピリチュアルエリート」の「日本人」は、三次元の日本国籍を持つ日本人のことではなく、「日本」というキーワードに集まった国境のないサムライ的ワンネス人のことを指しているよ。

彼らは「日本人の中の超日本人」だと、ボクは位置づけている。

AMY'S REALITY 36

調和を重んじる精神性が反映された、日本のアニメやゲーム

私はインドネシアに住んでいたことがありますが、現地では日本のアニメがたくさんテレビで放送されていました。

またフランスの知人が、日本のアニメのイベントのために来日したこともありました。

さらに、日本のゲームは世界中でプレイされていますし、2021年の東京オリンピックでは、ゲームの楽曲が開会式で採用されていましたね。

なぜ、日本のアニメやゲームがこれほど世界へ浸透しているのか、それは、戦いではなく調和を重んじる日本の精神性が、これからの時代に求められているから、と言われると、私たち日本人は誇らしいですね。

実際、私も日本と海外を両方見てきて、やはり、アジアの他の国も、西洋も、個人主義と言いますか、自分の利益以外あまり考えていない人が多いように感じます（もちろん、全員ではありませんが）。

しかし**日本人は、みんなのため、みんなが幸せになるためにはどうすればいいかということを考えられる民族**だと思っています。

それが、ゲームやアニメなどの子どもたちの文化と関係がある、というシャーの視点は初めてですが、確かに、子どもはたとえケンカをしても、相手を最後まで叩きのめそうとか、相手を隷属《れいぞく》させようとまでは思いませんよね。

そうした文化が、日本という土地、そこに集まる人々の精神の基盤になっているのですね。

ゲームから学んでいる子どもたち

子どもがゲームばかりする、と悩む親は多いですが、ゲームから子どもが学んでいることもたくさんあるはずです。

私自身は、娘にゲームもアニメもYouTubeもなんの制限もなく、見たいだけ、やりたいだけやらせてきましたが、制限がない分、いつでもできると思うから、中毒的にのめり込むことも全くなく、自分の見たいものを自分で選び、ちゃんと自分でバランスを取っていたように思います。

そして、そうした中から、ダンスや他の国の言語など、本当にさまざまなものを自然と学んでいました。

子どものやりたいことをやらせる、親はそれをサポートするという姿勢を貫いた結果、高校生になった今は、自分で学びたいものを自分で選んで学ぶという姿勢が身についています。

子ども時代にしかできないことを、思う存分させてあげる

子どもの文化がこれからの時代に求められているということは、親は、子どもに対し、子どもの時にしかできないことを思う存分やらせてあげることがさらに大事になってくるでしょう。

画一的な子どもを育てるのではなく、その子がその子らしく、それぞれの個性を活かせるような教育が、これからは主流になっていくでしょう。

実際のところ、私たちの世代から比べると、入試の種類も多様ですし、校則などの縛りもずいぶんゆるくなってきているなと思います。

これも、地球が次の時代へと向かっているひとつの表れです。

一般的な基準や、他の子どもと比べていては、その子自身の輝いているところは見えてきません。その子ども自身を見てあげれば、その子の持っている能力やいいところを、必ず見つけてあげることができます。

SHA'S REALITY 37

敵と味方が握手をする国なんて、日本ぐらいだよ

日本には、本当の意味でフェアな下剋上《げこくじょう》の文化もある。

例えば、戦国時代は武将同士が戦をして負けても、外様大名《とざまだいみょう》として迎え入れていたよね。他国なら皆殺しだけど、日本人は、「リーダーが決まったら戦いをやめます」と神に誓って戦っていたんだ。

武士道というのも、「これから刀を使わなくてもいい世の中になるために戦います」が、座右の銘だったんだよ。

そうした精神は、今でも日本製のゲームに吹き込まれていて、敵と味方が最後に協力し合うようなストーリーのものもある。本当に憎しみ合っているわけじゃなく、平和になるために力の出来栄えを見せ合うだけで、必要がなくなったら戦いをやめ

るというストーリーのものが多いのも、日本産ゲームのヒットの要因だ。

敵と味方であっても終わったら握手をする、というルールをゲームの中に埋め込んでいるのさ。

他国では、敵に対して最後まで憎しみが残るけど、日本人は武士道からきている「喧嘩両成敗《けんかりょうせいばい》」って感覚があるから、ずっと憎しみの気持ちを持ち続けることはあまりない。

逆に言うと、戦争で負けても仕方ないことだ、と許す文化もあったりする。それがいいか悪いかはまだわからないけど、最後は、「これまでのことは水に流して仲良くなろう」っていう感覚がすごくあるよね。

つまり、日本人は、相手の違いを認め、許し合いながら共存していける精神性があるってことなのさ。

AMY'S REALITY 37

日本は「みんなひとつ」が根付いている国

日本や日本人に対して、「平和ボケ」というような言葉が使われることもありますが、平和なことは決して悪いことではありません。

むしろ、世界中の誰もが望んでいるものであり、日本が平和であること、その平和の中で人々が安心して暮らしているということは、誇っていいことなのです。

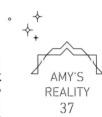

世界を見渡せば、宗教の違いや利害対立などで、まだまだ争いはたくさん起きています。平和の祭典であるスポーツイベントにも、自国の開催の際に宗教的に対立する国の出場を認めないなどの出来事もまだ起きていますが、日本は、他の国と宗教的な問題で対立するようなことは聞いたことがありません。

日本を除く世界では、宗教的な習慣や思想を強く持っている人がほとんどですが、日本人の多くは、自分は無宗教だと思っています（実際は仏教徒だったとしても）。

その点、とても特殊な国だと以前から感じていましたが、それは、日本人は宗教による神の違いなどなく、「みんなひとつ」という考え方がそもそも根付いているからなのかもしれません。

日本人は次の時代をリードしていく民族

これから、**それぞれがそれぞれの幸せを感じているという世界が実現していく中で、平和の精神を持っている日本人は、ますます重要な存在となっていく**でしょう。

日本人は、災害時でも譲り合いの心がある、落とし物をしても返ってくるなどの事例は世界でも有名です。

日本人の大半は、すでに他人を思いやれる心を持っています。そこにもう少し、他人との違いを認められる、それぞれの個性を重んじるという心や、先のことを考えすぎずに子どものように今を楽しむ心が加われば、次の時代をリードしていくのに本当に相応しい民族になっていくと思います。

SHA'S REALITY 38

これからの時代は「新型日本人」が活躍する

日本は職人さんの国だよ。例えば、大工、とび職、庭師、畳《たたみ》職人、瓦葺《かわらぶき》職人、寿司職人、飴細工《あめざいく》職人、ガラス細工職人、箪笥《たんす》職人、刀鍛冶《かたなかじ》など。職人さんと言われる人が、いっぱいいいるよね。

職人さんの家には神棚があるけれど、それは、神というエネルギー、つまり、宇宙の愛を受け取り、自分も神に選ばれるような人間になるように日々精進することを誓って、神のために物をつくり上げているからなんだ。そうして、神業《かみわざ》と言われる物をつくり、それを神業のように使いこなす人間に渡されていく。

職人さんって、子どもの時から親のやることを見ていたり、教えてもらったりするでしょ。例えば、お父さんが大工さんなら、かんなを使って積み木をつくってくれたり、時には手取り足取り、釘《くぎ》や金づちの使い方を教えてもらって、親の仕事を真似してみたり。そうやって、親は愛情を込めて自分たちのDNAを子どもに手渡しているから、子どもたちも「修業」ってものを遊びながら楽しい感覚で、できるようになるんだ。

職人さんじゃなくても、日常の中で掃除や料理の仕方など、親の特技を子どもに教えることは、子どもから見たら、十分愛のある遊びになっているのさ。

「遊」という字は、道（辶）の方向（方）に子ども（子）が冠（𠂉）をつける、って書くでしょう。まさに、親の経験値を楽しく教え、それを子どもが遊びの一貫として、楽しみながら習得していくことを表しているよ。

ボクは、このように愛をもって探究する力が強い人、つまり、古い日本の「愛」がわかる日本人的要素が強い人は、これからの時代に活躍する、「新型日本人」だと思っている。新型日本人は、宇宙の愛を循環させながら生きる精神を持っているからこそ、夢を叶えるための執念も深いんだよ。

AMY'S REALITY 38

みんなの幸せを考えられる心を持つ日本人

私は海外に住んでいた期間が10年以上あるので、海外の食べ物もたくさん口にしましたが、例えば、日本のお米は、世界中どこのお米と比べてもとても美味しいですし、日本の果物も、何を食べても本当に美味しいと感じます。

これは、生産者の美味しいものをつくりたいという熱い思いの表れだと思います。

そしてそこには、これを食べる人に少しでも美味しいものを食べてほしい、という思いがあります。そうした、みんなの幸せを考えられる心が、職人を生んでいるとも言えますね。

大量消費の時代から、良質なものを必要な分だけ手にする時代へ

今の日本には、自分のやりたいことがわからなくなってしまっている人も多いで

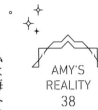

すが、もし子どもの頃から、やりたいことをやることが当たり前の人生であれば、それを見失う人はいなくなり、そして、自分のやりたいことで自分が幸せになり、さらに、人を幸せにできる人が増えてくるでしょう。

やりたいことを追求する心と、人のためにいいものをつくろうとする心、両方あって、本当にいいものができていくのでしょう。

今はまだ、利益追求のために、体に悪影響のあるものが一般的に売られていることもありますが、今後は、そうした商品は少しずつ淘汰《とうた》されていくはずです。大量生産、大量消費、そして大量廃棄の時代は終わりつつあります。

これからは、科学の発達も相まって、本当に必要な良質なものが、必要な分だけ、必要な人の元に届けられる、そのようなことが可能になっていくでしょう。

SHA'S REALITY 39

あるべき幸せを受け取っていい！

日本人は、自分は幸せになっちゃいけないとか、つつましく生きなきゃいけないと思っている人も多いよね。

でも、「あるべき幸せを受け取る」という的確な感覚は大切だよ。

必要以上に幸せになろうと強欲になる必要はないし、自分がなるはずの幸せが来ているのに引け目を感じる必要もない。

あるべき幸せを、あるべき時間で、ちゃんと郵便物のように受け取ること。配達時間に取りに行かなかったらもらえないから、取りに行ってくださいね〜♪

AMY'S REALITY 39

自分にとっての幸せに気づく

自分にとっての幸せは何か？

これを知ることは本当に大事なことになってきます。これまでもそうでしたが、これからの時代は特に大事です。

今までは、いい学校を出て、いい仕事に就き、いい伴侶《はんりょ》を得て、できるだけ多くのお金を稼ぐという、ひとつの幸せのモデルのようなものがありました。

しかし、多くの人が、これらのことは幸せと直接の関係はない、ということに気づき始めています。

ちょっと周りを見渡してみても、世間的にいい仕事をしていても、お金を持っていても、パートナーがいても、幸せでない人は簡単に見つかるでしょう。

自分の欲しいものを手に入れることに遠慮しない

では、何が幸せか？

どうすれば幸せになれるのか？

それは、**自分が心からやりたいことをやる、**それしかありません。

そして、そのやりたいことは自分で見つけるしかありません。人と同じことをしたり、目指していては、見つかりません。

自分の内側から湧き上がってくることを感じ取り、それに従って行動を起こす。

それは、本来はそれほど難しいことではありません。

それがあなたの幸せです。

あなただけの幸せであり、他の誰とも違う幸せです。

そして、その幸せを、つまり、自分のやりたいことをやったり、本当に欲しいものを手に入れることに対して、遠慮しないでください。

自分のやりたいことや欲しいもの以上のことを求める必要はありませんが、本当に欲しいものを、自分で必要ないと拒絶しないでください。

これは日本人には苦手な人が多いと思いますが、自分の幸せを遠慮するのは、これから来る時代にはそぐわない生き方です。

あなたは、あなただけの幸せを受け取っていいのです。

進化のスピードを上げる
SHA'S WORD

5

質問という名のカンニングは、禁止です

質問とカンニングは違うよ。誰かに聞いて、言われたことをそのままのらりくらりやっているのはカンニング。自分は楽して、それだけやっていればいい、というのは時代遅れだよ。本当の質問とは、自分がある程度、経験や観察、実験を積み重ねて、質問したい人と同じレベルになる準備をした人だけができるもの。それができる人は、質問の後に、聞いたことを自分なりに咀嚼《そしゃく》して、自分の言葉で伝えられる人だ。

宇宙直伝！
未来創造ワーク

シャーだよ！
君たちには特別に、宇宙、地球、体、データの
シンクロ率を上げるワークを教えるよ。
このワークを実践すると、
チャレンジが楽しくなって、望む未来を創造できるようになるんだ。
これからは、経験値を上げることが、スムーズに進化する鍵。
楽しくできて、簡単に続けられるワークだから、
ぜひ実践してほしいな。

1

本来の自分を忘れてしまった時のワーク

不安な時、悲しい時、嬉しい時など、感情によって心が変化しているように感じるけれど、実は心は変わらず、魂の外側の体（エネルギーフィールド）の次元が変わっているんだ。

君たちの外側の体は、すべての次元が入っている入れ物で、その時開いている感覚によって、次元がコロコロ変わっているのが現実。

本来の自分を忘れている時は、本来の自分の次元に自分を合わせればいいのさ。不安を感じた時、心がザワザワしている時、ぜひやってみて。心が安定して、最善の現実をチョイスできるようになるよ。

① 目を閉じて深呼吸をする。自分はすべての次元を持っている存在であることをイメージし、一番落ち着く感覚を見つけたら目を開ける。

② 落ち着いたところで、自分の名前を呼んで、その次元に着地している自分を確認する。

2

朝・昼・晩のワーク
「直感」を「直観」に育てる

みんな、宇宙は頭の上にあると思っているよね。でも地球って丸いでしょ。重力があるから足の裏が地面にくっついているだけで、上も下もないってわかるかな。

上も下もないということは、宇宙のエネルギー（光のデータ）は、体の皮膚めがけて、全方向から光の矢のように入っているよ。

全皮膚から吸収した光のデータは、頭頂部の第7チャクラ（エネルギーの出入口）にまとめられ、そこから、7↓6↓5↓4↓3↓2↓1チャクラというふうに、上から下へ各チャクラに流れていく。この光のデータは愛そのもの。すべての人に平等に注がれているよ。

それと同時に、足元の地球からも地球の叡智というエネルギーを吸収しているのさ。実は、君たちの経験したデータは地球に吸収されている。ということは、地球の歴史をつくってきたすべての人間の経験値データを、ジャストタイミングで地面からも吸収できるんだ。

つまり、君たちの体には、なんでも叶う宇宙の愛のエネルギーと地球の叡智というデータが、バンバン入ってきてるってことさ。

これを、自覚して過ごせるようになると、誰もが持っている「直感」が磨かれ、未来の創造に結びつく「直観」に変わっていくよ。

そして大事なのは、これらのエネルギーを受け取るだけの受け身ではなく、自分がそこに飛び込んでいく決意だよ。君たちが、能動的にそれらのエネルギーを活かしていくのさ。

それを体感できる朝、昼、晩のイメージワークを教えるよ。慣れると、どれも1分もかからずできるようになる。奇跡体験が続出することは、すでに実験済みだから、実践してみよう！

朝のワーク　エネルギーに満ちた自分を感じる

①寝ている状態か、立っている状態で目を閉じ、手のひらを上に向け、チャクラがまっすぐになるように、背筋を伸ばす。

②鼻から息を吸って、鼻か口から吐く（吐くほうを丁寧に）。頭の中を空っぽにしながら、四方八方から宇宙のエネルギーが入り、同時に、地面からは地球の叡智を吸収するイメージで、呼吸を続ける。

③宇宙からと地球からのエネルギーが合流する中に、自らが飛び込んでいく決意が

できたら、目を開ける。そのまま、日常をスタートする。

昼のワーク　**宇宙に悩みや願望を伝えて答えをもらう**

① 一人になれる場所で（トイレとかでもＯＫ）少し足を開いて立つ、もしくは座り、背筋をまっすぐにして安定した姿勢をとる。

② 胸骨の前に右手の親指をあて、おへそに左手の小指をつけて、腹式呼吸をする。

③ ②の状態で、今解決したい悩みや願望を宇宙に伝える。悩みの場合は「なぜ、こういう状況になっているかの説明とアドバイスをもらいたい」、願望の場合は、それを「叶えるためのアドバイスをもらいたい」と、ただただつぶやく。

例：「上司からパワハラをうけています。なぜこうした状況になっているのですか？　宇宙さん、ご説明と、私がすべきことをアドバイスして

ください」「イケメンのお金持ちと結婚したいです。宇宙さん、私がすべきことをアドバイスしてください」

④ ③の答えが、何かしらの形で入ってくるので、アンテナを張り巡らせておく。

晩のワーク　エネルギーのゴミを払い落としクリアになる

① お風呂から出てバスタオルで水分をふきとったら、「嫉妬《しっと》しちゃったな」「あの言葉に傷ついたな」など、今日あった嫌なことを出す感じで、全身を手のひらで叩く。叩くことで、エネルギーのゴミが皮膚の表面に浮き上がってくるイメージで。

② 次に、全身をなでながら、「大丈夫だよ。それが自分だからね」とエネルギーのゴミを払い落す。

おわりに

雪下魁里

この度は本書を手に取っていただき、ありがとうございました。皆様の未来創造のためのお役に立てたでしょうか？

その答えは、もう皆様の意識の中に芽生えていて、きっと何かが変容することと思っています。

そして、この本の制作にあたりずっと感じていたこと、それは、奥平亜美衣さん、あなたは天才です！　それを思い知らされました！

シャーと私のコンビは、これまでいろんな人にお会いして発信してきましたが、シャーの話したいこととその人たちの見ていた風景に違いがあったりして、言うことが通じないことが多く、協力者も去っていく状況をつくり出していました。

それは、もちろん誰のせいでもありません。

私たちは特別なことを言って注目を集めたかったのではなく、ただ自分たちのできそうなことで、社会に必要だと思うことから、やっていきたかっただけなのです。当の私も、「しばらくチャネリングはやめよう。自分のやり方がおかしいのかもしれない」と悩む日もありました。

しかし、ひょんなことで奥平亜美衣さんとシャーの対談が決まり、ここに賭《か》けてみることにしました。

普通だったら、これまでを反省したり、テイストを変えたりする試みもあるのでしょうが、シャーも私も答えは「ノー」。このままでいこうと決めました。

「せっかく、夢のような対談が決まったのだから、もう一回だけ体当たりで、本当にシャーの言いたいことをぶつけてみよう!」

「宇宙に飛び込む」。この言葉と映像が、私の脳にピカッと稲妻のように入ってきました。

シャーと私は、私たちの窓から見た真実を、まず熱量を落とさずに亜美衣さんにお渡ししようと決めました。

取材の期間中、シャーと私は毎日呼吸ワークを無心でおこない、取材に120%熱量を吹き込むイメージを何度も何度も練り直していました。自分たちのエネルギーをただただ練り込むことに必死でした。

小細工は一切なく臨みました。むしろ、大物作家さんだからこそ、思いっきりぶつかって、私たちは力をまっすぐ出し尽くす！攻めの姿勢を崩さず行くぞ！とアクセル全開でいったのです。

そしたら、今までの悩みがなんだったのかと思うほど対談は弾み、シャーの主張もあっという間に文章化されたのです。

そして、亜美衣さんと問答していくうちに、私自身もチャネリング技術が何十倍も上がったようなのです。

天才は、問答相手の能力を引き上げます。まさにこの状況で、私は聞いたことのないシャーの言葉を何度も転写する状況になっていったのです。

びっくりしました！

わかったことは、奥平亜美衣さんは天才審神者《さにわ》なのだ、ということに尽きます。

ここに、奥平亜美衣さんとシャーの「巫女《みこ》審神者方式」のチャネリングが完成しました。この本が皆様の幸せな未来のために、お役に立てることを願っています。

今回、出版にあたり、制作チームの情熱と行動力に感動、感謝しかありません。

そして、この「シャー&ゆき」を支えてくださったすべての仲間にもありがとうを伝えたいです。

本当にありがとうございます。

Profile

奥平亜美衣（おくだいら・あみい）

1977年、兵庫県生まれ。お茶の水女子大学卒業。幼少の頃より、自分の考えていることと現実には関係があると感じていたが、2012年『サラとソロモン』『引き寄せの法則―エイブラハムとの対話』との出会いにより、はっきりと自分と世界との関係を思い出す。引き寄せの法則を意識した毎日を送ったところ、人生が激変。会社員から作家になる、という願いが叶う。『復刻改定版 「引き寄せ」の教科書』（Clover出版）をはじめ、著書は次々とベストセラーに。2019年、初の小説と翻訳本も上梓。累計部数92万部。コロナ禍で自宅に引きこもっている間に、宇宙すべてが自分なのだ、という目覚めがあり、無であり無限である自分の本当の姿を思い出す。2022年、プロテインをプロデュースして発売。心身ともに本当の意味で人を幸せにすることを、いろいろな形で伝えていきたい。これが今回の人生のテーマ。

✧ **公式X：**https://x.com/Amy_Okudaira

シャー・ビイング（愛称・シャー）

惑星ゼロから来た宇宙人。性別はない。2012年から雪下魁里の体を借りて、自身のエネルギー体（データ）を降ろす。人類の意識をバージョンアップさせるため、地球にきて宇宙視点からのアドバイスをしている。

雪下魁里（ゆきした・かいり）

1966年、茨城県生まれ。地方公務員、パーソナルトレーナー兼フルコンタクト空手指導員を経て、宇宙人シャーに体を貸す巫女審神者式チャネラーに。約30年前、陰陽学の師である鴨書店元店主、故・望月治氏と出会い、自身の幼少期から持つ五感を超えた感覚を陰陽学暗号で読み解く術を学ぶ。その後、宇宙存在シャーと二人三脚で、宇宙のことを伝えるようになる。心と体を空にすると人は実力以上の力が出ることを体感するため、現在、合気道の至宝ともいえる多田宏師範に師事。著書に『宇宙で大人気！のきみへ』（廣済堂出版）がある。

✧ **YouTube「シャーゆき TV」**
https://www.youtube.com/@kairiyukisita

宇宙の流れにのって「あなた」を生きる！

新時代の宇宙授業

2023年11月20日　初版印刷
2023年11月30日　初版発行

著　者　奥平亜美衣
　　　　シャー　雪下魁里
発行者　小野寺優
発行所　株式会社河出書房新社
　　　　〒151-0051　東京都渋谷区千駄ヶ谷2-32-2
　　　　電話　03-3404-1201［営業］　03-3404-8611［編集］
　　　　https://www.kawade.co.jp/

ブックデザイン　白畠かおり
カバーイラスト　松尾たいこ
本文イラスト　田中麻里子
企画・編集　RIKA（チア・アップ）

組版　中尾淳（ユノ工房）
印刷・製本　株式会社暁印刷

Printed in Japan
ISBN978-4-309-30032-0